# 同行二人

## ―空海 時空を超えて―

川面稜一 作（川崎大師蔵）

# 『同行二人――空海　時空を超えて――』発刊に寄せて

「川崎のお大師さま」「厄除けのお大師さま」と称され、毎年お正月には多くの参詣者をお迎えする「川崎大師平間寺」。寺伝によれば、弘法大師信仰の篤信者・平間兼乗を創建主、高野山の尊賢上人を開山主として、平安時代の末、大治三年（一一二八）に建立されました。すなわち、平成二十九年が開創八九〇年に正当いたします。

このたび当山では、この勝縁を記念して『同行二人――空海　時空を超えて――』を上梓いたしました。本書は弘法大師空海の研究者、ゆかりの寺院住職をはじめとする多彩な執筆陣によって、平安時代が生んだ偉大な宗教家であり、平成の今日も私たちを魅了してやまない弘法大師空海について、さまざまな視点から平易に紹介いたしております。

題名の『同行二人』は、いまなお高野山奥の院でご入定なされ、「何時でも・何処でも・誰にでも」救いの手を差し伸べておられるお大師さまを追慕する大切なお言葉であります。川崎大師平間寺も開創この方、「お大師さまとともに、ご信徒とともに」を信条として今日まで、十方有縁のご信徒の篤い帰依をあつめてまいりました。

本書が弘法大師空海、川崎大師平間寺をより身近に感じていただくよすがとなれば望外の幸せに存じます。

大本山川崎大師平間寺　貫首　藤田隆乗

# 目次

カバー写真・濱田智夫
所　幸則

# 「仏に還る」——修行者・空海の旅路

福田亮成
川崎大師教学研究所所長
写真・永坂嘉光

## 還源の求道者・空海

性熏《しょうくん》我を勧めて還源《げんげん》を思いとす。
径路未だ知らず 岐《ちまた》に臨んで幾たびか泣く
(『性霊集』巻第七「四恩の奉為《おんため》に二部の大曼荼羅を造する願文」)

これは、弘法大師が中国から帰国して十八年ほど経てから、若き修行者空海ご自身の求道とその苦しみを述べた言葉であります。

修行者の孤独と真摯な姿勢が感じられるとともに、「還源」＝「仏に還る」ということが大きなテーマだったことが分かります。

大師は自らが理想とする悟りの世界を明確に、そして本来仏であるべき自己に還ることをイメージされていました。そのようなことから、弘法大師を還源の修行者であるということがで

高野山　蔵王堂を包む雲海

きると思います。

　大師が漂泊の詩人や遍歴伝道者と異なるのは、悟りに還る経路を説明する言葉と理論を求め続けたところです。その可能性を「大日経」に見いだし、入唐を決意されました。

　恵果阿闍梨から授かった「大日経」と「金剛頂経」の両峰から、求めていた経路を見つけたのですが、それを理論化するまでには二十年以上の時が必要でした。

　大師は命を賭して入唐され、恵果阿闍梨から授かった法を生涯磨き続けられました。

　帰国されてから密教経典の写経運動という一大キャンペーンを行い、緻密な思考で、「即身成仏」という独創的な理論を構築されました。一方では、土木建築や筆作りの技術をわが国にもたらし、私立大学綜藝種智院の創立のために、その建学の精神を内外に発表され、教化のための拠点として東寺、そして修禅の地としての高野山を開創されましたが、そのような創造力と行動力の源は何であったのでしょうか。

## 弘法大師誕生の時代背景

弘法大師は、宝亀五年（７７４年）讃岐国多度郡屏風浦に生まれたとされています。現在の善通寺市善通寺町にある真言宗善通寺派の総本山善通寺の地です。父の佐伯氏は、地方豪族の長の家柄でした。

大師は幼名を真魚《まお》といい、両親は彼を慈しんで「貴物（とうともの）」と呼んだといわれます。

『空海僧都伝』では、幼少期の大師について、「和上、生まれて聡明。よく人事を識る。五、六歳の後、隣里の間、神童と号す」と述べられております。

ちょうど、日本は奈良から平安に移ろうとする大きな変化の時代でした。若き弘法大師を育んだ奈良の時代精神について少し触れておきましょう。

奈良という時代の課題は、唐の文化を積極的に取り入れ、律令国家を確立することでありました。

仏教の信仰が篤い聖武天皇が国分寺・国分尼寺を建立し、天平十九年（７４７年）に東大寺の大仏の建立を命じたことは、『華厳経』に説かれた仏教の世界観を国家統一の理念として利用し、そして国家の威信を全国に示すための事業でもありました。当時の人口は約五百万人と推計され、大仏建立に関わった人は延べ百万人といわれますから、まさに大国家プロジェクトです。前代未聞の国家プロジェクトの東大寺大仏殿建立の中心人物の一人であった佐伯今毛人が、佐伯院を建立した父方の同族の人であったということは、大師の精神形成にも大きな影響があったと考えられます。

弘法大師誕生の宝亀五年（７７４年）から三十八年間続いた地方勢力の制圧も、律令体制確立のための方策の一つでしたが、経済的には大きな負担になったといわれています。

律令制が完備する以前から、役行者《えんのぎょうじゃ》のように、後に修験者と呼ばれる聖がいました。今では大自然の中を駆け巡る純粋な修行者という印象がありますが、当時の評価はかなり異なっていたようです。役行者は、６９９年には人々を妖惑するという罪で伊豆に流罪となっています。

東大寺の盧舎那仏勧進の中心人物であった行基も、若いときには山岳修行に明け暮れ、大衆を煽動《せんどう》したことで流罪になったこともありました。南都六宗のような、大伽藍に学問僧が満ちている官寺がある一方では、人里離れた山奥で呪術的な修行に専心する人々がおり、専門的な学問としての仏教研究とともに、在野の修行者の活躍の時代でもありました。国家が生まれようとするときには、中央に結集しようとするエネルギーと反発するエネルギーがともに強かったのでありましょう。

養老二年（７１８年）には、在唐16年の道慈（？〜７４４）が帰国し、既に密教経典がもたらされていたと思われます。道慈が長安で滞在していた西明寺にはインド密教の善無畏三蔵（６３７〜７３５）がおり、密教経典を翻訳していました。おそらく道慈は善無畏からインドにおける密教興隆の最新情報を聞いていたのではないでしょうか。

この時代にはたびたび遣唐使が遣わされ、積極果敢に唐の制度を取り入れて、国家制度が整い始めました。

そのような時代に弘法大師が誕生されたのです。

## 仏教への回心

大師は十五歳の時、母方の叔父であり、伊予親王（桓武天皇皇子）の侍講（家庭教師）を務めていた阿刀大足について本格的に学問を始め、18歳で上京して大学に入ります。

幼い頃から両親に「貴物（とうともの）」と呼ばれ、村人から神童と呼ばれていた真魚に対して周囲の大人たちは大きな期待を抱いたことでしょう。真魚は官僚になるべく勉学に励んだようですが、住まいにしていた佐伯院《さえきいん》の近くには渡来僧や、唐から帰国した入唐僧などがいた大安寺《だいあんじ》という寺があり、最先端の国際情報が得られたのではないでしょうか。

おそらくこの大安寺に出入りしていたインド・中国・ヴェトナム・朝鮮半島などからの渡来僧たちの話を聴き、大師は仏教を中心とした海外の宗教文化に対する興味を益々深められたのだと思います。

しかし、大師を決定的に仏教に回心させたきっかけは、一人の沙門との出会いでした。その沙門は、朝廷に認められた僧侶ではなく、修行をもっぱらにする私度僧の一人であったと思われます。大師に仏教を示し教えた人が名も無き修行者であったということは、後の大師にとって大きな意味をもつことになります。

後で述べる『三教指帰《さんごうしいき》』の序で大師は、「ここに一の沙門あり。余に虚空蔵求聞持の法を示す」と語っています。大師の仏教が、まず修行から始まったということは重要なことです。

空海が修行したといわれる石鎚山 天狗岳

そして、現代でいえば大学の卒論や修士論文を執筆する年齢である二十四歳の時、最初の著作、『三教指帰』を書き上げました。儒教、道教、仏教を代表する三人の人物を登場させ、それに、道徳破壊者の青年を絡ませて、ドラマ形式で構成されています。独創的な文学作品のような著作で、日本の漢文学史上でも高い評価がされていますが、なにより、この著作に、後に大成される弘法大師の真言密教の教えの基本が示されていました。この著作は大師にとっては重い意味のある「出家宣言書」でもありました。

この年に母方の阿刀一族出身で、南都仏教の中心人物であった善珠僧正（723〜797）が七十五歳で遷化されています。大師の約五十歳年上の母方の親戚の死も大師の出家に影響があったかもしれません。

『三教指帰』に見られる、儒教・道教を包摂しながらも仏教の優位性を説くという大師一流の統合的思考は、後の『十住心論』などにも共通しています。

儒教・道教・仏教典籍からの知識のみでなく、既に成満した虚空蔵求聞持法の経験から、弘法大師の目標は仏教の深い修行体験に定まっていきました。

## 修行に明け暮れる

一人の沙門との出会いが、大師をしてそれまで注いできた学問研鑽の情熱を方向転換させ、仏道修行に一直線に進ませることになりました。修行の地は、室戸岬をはじめ四国の僻地が中心でしたが、さらには、吉野・熊野・高野一帯の山岳地にも及んでいました。

ともかく大師は、山岳修行者として四国の霊地、大和・紀伊の山々で久修練行を続けながら、同時に、奈良の諸大寺を巡り、仏典や詩を読み漁って仏教研鑽にも勤しんでいました。その間に中国語も学んでいたと思われます。

大師は単なる山岳修行者ではなく、また、単なる学僧でもなかったことに注目すべきでしょう。後に大師が体系づける真言密教は、そのどちらかに偏向することを厳しく戒めています。

大師の修行時代は、『三教指帰』を書き上げた二十四歳から唐に留学する三十一歳までの7年半の期間となりますが、二十四歳以前の数年間も考慮すれば、約十年といえるかもしれません。

## 唐に渡る

延暦二十三年（８０４年）、弘法大師は留学僧として唐に渡りました。第十六次遣唐船は4隻、総勢６００人ほどだったといわれますが、スムーズに予定地の中国明州の寧波《ねいは》に着けたのは第2船のみ。この第2船には、帰国して天台宗を開くことになる最澄（７６７〜８２２）が乗船していました。最澄は大師と身分が異なり、弟子の同行まで許された還学生で、すでに仏教の世界で名を知られた僧侶でした。一方の大師は、正式に僧侶になったばかりの無名な留学僧でした。

大師の乗った第1船は漂流した後、34日もたって、かろうじて福州赤岸鎮《せきがんちん》にたどり着きます。第３船は孤島に漂着して日本へ帰還。第４船は消息不明となっています。大師も一つ間違えば海の藻屑と化していた可能性がありました。文字通り命を賭した求法の旅だったのです。

福州には着いたものの、大師一行は難民とみなされて上陸が認められません。遣唐大使の藤原葛野麿《ふじはらのかどのまろ》が州の長官宛にすぐに嘆願書を書きますが、黙殺されてしまいます。そこで、大使になり代わって書いたのが弘法大師でした。その「大使福州の観察使に与うるがための書」が奏効して、一行は上陸を許可されます。その文は文章家空海の傑作といわれ、後世まで語り継がれている名文です。結局、大師たちは約３ヶ月足止めされ、その後、長安まで50日をかけて中国大陸を旅します。

大師たちを迎えた唐の都、長安は、奈良平城京の2倍以上はある壮大にして華麗な国際都市でした。タイやインドやチベットの人々、シルクロードをやってきた金髪・緑眼の西域人もいたでしょう。やっとたどり着いた憧れの都。大師が摂津の難波を出発してからこの長安にたどり着くまで、約半年間の苦難の旅でした。

## 恵果阿闍梨との出会い

大師の入唐の目的が密教を学ぶことであったことは明確でした。帰国後、朝廷に提出した『御請来目録《ごしょうらいもくろく》』によれば、醴泉寺《れいせんじ》において、インド僧の般若三蔵や牟尼室利《むにしり》三蔵からサンスクリット語や梵字に加えて、密教やインド哲学を学んだ事が記されています。大師はさまざまな寺院を訪ね、やがて、大師の生涯を決する出会いを経験します。青龍寺《しょうりゅうじ》に住していた恵果阿闍梨《けいかあじゃり》（７４６〜８０５）です。

インドから中国に伝わった密教には、金剛頂経系と大日経系の二種類の法流がありました。南インド出身で『金剛頂経』

空海も訪れたといわれる中国最古の仏教寺院・白馬寺（洛陽）

を中国に伝えた金剛智三蔵（671〜741）から不空三蔵（705〜774）に連なる金剛頂経系の流れと、中インド出身で『大日経』を伝えた善無畏からその弟子の一行（683〜727）への二つの法流です。

これらの二法流を統合したのが恵果阿闍梨《けいかあじゃり》でした。長安で的確な情報を得て、大師は恵果阿闍梨の門を叩きます。恵果はすぐに大師の人柄や能力を見抜いて、密教の更なる発展を託したと思われます。恵果は自らのすべてを大師に授けたのです。

恵果阿闍梨は、密教の重要な儀式である灌頂《かんじょう》の際に、弘法大師に大日如来を示す「遍照金剛《へんじょうこんごう》」という灌頂名を授けました。その後の弘法大師の原動力は「私は大日如来である」という意識であったと思います。

恵果阿闍梨は弘法大師に全ての法を授けたあと、まもなく入滅されました。行年六十歳でした。

その葬儀にさいして、恵果阿闍梨にささげるための文章を、多くの弟子の中から弘法大師が選ばれて、「三朝の国師灌頂の阿闍梨恵果和尚の碑」という以下の文を起草されました。

（大同元年　八〇六年　三十三歳）

「桑梓《そうし》を顧みればすなわち東海の東、行李《こうり》を想えばすなわち難中の難なり。
波濤万万たり　雲山幾千ぞ。来ること我が力にあらず、帰らんこと我が志にあらず。」

中国からわが故郷を顧《かえり》みると東の果て、激しい波や雪山を越えるという遠く険しい道のりを経て来ることができました。ここに来ることも帰ることも私の力や意思ではなく、不思議な力によるとしか思えません、といっています。

そして、恵果阿闍梨が入滅される直前に、弘法大師に次のように告げたといいます。

「汝未だ知らずや、我と汝と宿契《しくけい》の深きことを。多生の中に相共に誓願して密蔵を弘演《ぐえん》す。彼此に代《かわるがわる》師質となること只一両度のみにもあらず。この故に汝が遠渉《えんしょう》を勧めて我が深《じん》法《ぼう》を授く……」

空海よ、あなたは私との前世からの契りを知らないだろう。何度も生まれ変わりながら、代わる代わる師となり、弟子となって法を授けあってきたのです。だからこそ、遠方から来たあなたに深い法を私が授けるのです……

この出会いは初めての出会いでなく、あたかも前世からの宿命のように、これからも決して別れることがないような、自分の分身に出会うような不思議な出会いだったのではない

唐から帰って3年後、空海は京都に住むことを許され、まもなく高雄山寺（神護寺）の山主となった

でしょうか。
恵果阿闍梨は、次に生まれるときには弘法大師の弟子になるから、長く中国に留まらないで日本に帰ってくれと言い遺したといいます。

## 新帰朝者「空海」

留学を2年足らず終えた弘法大師は、大同元年（８０６年）九州の大宰府に帰り着きます。帰国してすぐに大師は『御《ご》請来目録《しょうらいもくろく》』を朝廷に提出しています。そこには、大師が持ち帰った膨大な密教の経典や経論、大きな曼荼羅図、仏像、サンスクリットの本などが記されていて、実質1年半ほどの短い唐滞在の時間の中で、よくこれだけのものを効率よく、またヴァラエティ豊かに収集できたものだと驚かされます。

日本に帰国する際の様子が以下のように描かれています。

「空海、大唐より還る時、しばしば漂蕩《ひょうとう》に遭いて、いささか一の小願を発す。帰朝の日、必ず諸天の威光を増益《ぞうやく》し、国界を擁護し、衆生を利済せんがために、一の禅院を建立し、法によって修行せん。願わくは、善神護念して、早く本岸に達しめよと。」（『高野雑筆集』十六）

唐からの帰国時、海が荒れたので、無事に帰国できたら国を守り衆生を利済するために高野山に禅院を建立すると誓ったということが、布勢海《ふせのうみ》という、現在の宮内庁の職員にあたる役人への手紙のなかに記されています。

船が難破しそうになった時に、帰国できたならば「必ず諸天の威光を増益し、国界を擁護し、衆生を利済せんがために、一の禅院を建立し」ということを誰が祈るでしょうか？

恵果阿闍梨に出会って、人生の目的が決まり、世界中の俊英が集う長安の宗教文化を吸収され、確固たる自信を得た大師は、帰国した後の計画を船中で明瞭に描けていたのでしょう。

大師は帰国後3年して京都に住むことを許されます。そしてまもなく、高雄山寺《たかおさんじ》（神護寺）の山主になります。それは、伝教大師最澄の推ばんによるものと思われます。

その時代の朝廷では、平城《へいぜい》天皇が呪いや祟りを避けるために実弟の嵯峨天皇に譲位し、平城上皇となりましたが、復位を願いながら自身は以前の都であった平城京に移っています。

しばらくすると、平城上皇は嵯峨天皇がいる平安京を廃して、旧都である平城京へ遷都するという詔勅を出すなど、平城上皇と嵯峨天皇との対立は激しく、「二所朝廷」といわれる時代でした。何とか混乱が制圧されて、嵯峨天皇がその立場を護ることができました。

このような国を二分する大混乱が治まっても、世の中は直ぐに平安を取り戻すことができたとは思えません。実の兄弟が権力闘争に明け暮れていたのですから。朝廷内部にもひびが入り、人心の乱れは深刻だったと思われます。

このような状況下で、何とか人心を一つに纏めることができないだろうかと弘法大師は腐心していたのでありましょう。国家的な閉塞状況を打開するため、弘法大師は鎮護国家を祈る密教の修法をさせてほしいと朝廷に奏状しました。「国家の奉為《おんため》に修法せんと請う表」という文章が『性霊集《しょうりょうしゅう》』巻第四に収められています。現代語に要約します。

「仏が国王のために特に説かれた『仁王経』『守護国界主経』『仏母明王経』などの陀羅尼を誦《とな》える経文がある。それは、七つの災難を打ち摧《くだ》き、春夏秋冬の四季を調和し、国を護り、家を護り、自分を安らかにし、他人をも安らかにするという、仏道中最も貴ぶべき秘密・微妙の経典であるという、これらの経典を師僧である恵果阿闍梨から授けられたが、未だに実修する機会がありませんでした。国家の御為に多くの弟子とともに、高雄山寺にて法力が成就されるまで修法させて下さい……」

このような大師の姿勢はまさに「厄災変じて福となす」という弘法大師の本質そのものを示す行動といえましょう。誰もが責任をなすり合っているような閉塞状況を打開する斬新なアイディアと行動力には目を見張るものがあります。そして、唐から帰った新帰朝者としての大師の面目躍如《やくじょ》たるものがあります。

## 高野山の風光

南峰に独り立って　幾千年ぞ
松柏《しょうはく》を隣とす　銀漢の前

（『性霊集』巻第一）

この詩は、高野山に独りでいると、隣には緑があり、天の川に包まれ、永遠に触れているように感じる、という高野山で味わった清々しい心境を見事に表現しています。

天の河の煌きも、大日如来の荘厳と感じられたのでしょう。

弘仁七年（８１６年）弘法大師は、「沙門空海」として高野山の土地を賜りたい旨、嵯峨天皇に奏上し勅許を得ています。自身の修禅道場としてだけでなく、万人が自らの存在を

深く味わうための聖なる時空間として高野山を開いたのです。都塵《とじん》から離れた高野山という聖なる時空間で、自己の源底を覚知して、清々しく満ち足りた境地に到達できることを弘法大師は千二百年前から願っていたわけです。

この人知を超えた不可思議な宇宙や生命の現象が「六大」としてとらえられ、それらが「無礙《むげ》にして　常に瑜伽《ゆが》たり」という風光として体得されたのでした。

弘法大師の考えは宇宙を単なる物質の集合と考えるのではなく、大日如来の身と心とによって荘厳された世界と感得したのだと思います。

そしてさらに弘法大師はこの世界を大日如来の尽きることない身と心の瞑想の状態であると考えました。宇宙に遍満する物質と我々の意識は円に溶け合って壮大なシンフォニーを奏でていると指摘しています。

それを弘法大師は次のようにたとえます。

「仏日の影、衆生の心水に現ずるを加といい、行者の心水、よく仏日を感ずるを持という」

仏を太陽にたとえると、われわれの澄んだ心を、太陽のあたたかさがつつみこみます。この太陽にたとえられる仏からのあたたかい働きが加です。我々の心がその加を受けていることに気づくことが持です。

われわれの心が大日如来からの働きかけを受け取っていることを感じとることができれば、われわれの身・口・意は本来の清らかな大日如来の身・口・意と一つになることによって、本来の清浄な姿が速やかに顕れるというのが、弘法大師の考えです。

弘法大師は、森羅万象の全てを大日如来と感得し、自身も大日如来と一体になりました。その経験に基づいて、この世界は如来の加持によって荘厳されているということを感じることができれば、誰でもが、われわれの源にある仏を経験できるといっています。大師にこんな文章があります。

高野山　伽藍巡拝の僧列

春の花　秋の菊
咲《わら》って我に向へり
暁《あけ》の月　朝《あした》の風　情《せい》
塵《じん》を洗ふ
一身の三密は塵滴《じんてき》に
過ぎたり
十方法界の身に奉献《ぶこん》
す
（『性霊集』巻第一「山中に何の楽しびか有る」）

春の花が咲いている様子を大師は、花が笑いかけてくれたと感じたのです。

そして、暁の月や朝の風が心を爽やかにしてくれたりするように、人として生を受けることができたこの私

の身・口・意をもって真実の世界に奉げます、という大きなスケールと謙虚な姿勢が感じられます。

前半の花や自然を詠う純粋で繊細な感性と、後半の宇宙的な広がりの両極を併せ持つのが弘法大師の感性と知性のバランスではないでしょうか。

理想の世界は外に求めるのではなく、我々の内奥に最も尊い仏がいらっしゃることに早く気づきなさい、ということが大師のメッセージだと思います。

弘法大師の六十二年に及ぶ真摯な求道と思索の旅によって、私たちの身・口・意のあり方が大日如来の三密と、その本体において、そのすがたにおいて、その働きにおいて同一であるという「即身成仏」思想が完成し、今に伝わっています。私はこの思想は仏教史の中で最も精緻で実践的な思想だと考えています。

弘法大師は天長九年（８３２）九月、五十九歳の時に、高野山上におきまして国の平和と人びとの幸福を願って万燈会という法会を催されました。その願文のなかに、

虚空尽き、衆生尽き、涅槃尽きなば我が願いも尽きん

（『性霊集』巻第八）

と述べております。虚空も、衆生も涅槃も尽きていないのですから私達に向けられた弘法大師の誓願は、まんべんなくふりそそがれているにちがいありません。

高野山　雪の御影堂

## 〔同行二人の旅〕

# 土佐の名刹「竹林寺」と四国霊場巡り

――四国八十八箇所霊場巡りが静かなブームだという。お遍路さんとそれを迎えるお遍路みちの人々との心のふれあい。一人で歩いても、いつもお大師さんが寄り添ってくれる異次元の旅。いったいお遍路みちには人をひきつける何があり、そこで人は何を体験するのだろう？

弘法大師が高野山を開いて千二百年がたつ。

四国八十八箇所霊場も平成二十六年、開創千二百年のお祝いの年を迎え、各地でイベントが催された。弘法大師を本尊とする川崎大師平間寺でも「お砂踏み」という関連記念行事が行われた。八十八箇所のお寺（札所）から実際に砂を運び、参詣客に踏んでもらって同じご利益を得ていただこうという伝統の催しである。

様々な行事のおかげでまた「お遍路みち」は活気を見せ、幾度目かの「お遍路さん」ブームの様相だ。最近の調査では、年間20万人が霊場巡りに訪れ、うち、五千人は歩いて巡っているという。

民主党政権時代、1年ほどで首相の座を追われた菅直人元首相が、頭を丸めてお遍路さんになったことは記憶に新しい。著名人や外国人のお遍路さんなども増えているらしい。「お遍路さん」について教えていただこうと、土佐の名刹、竹林寺に伺った。

緑に囲まれた静かな佇まいの竹林寺

## 行基が開いた竹林寺

竹林寺は緑深い山の中にあった。

四国八十八箇所霊場第三十一番札所。高知市内五台山の中腹にあり、有名な「はりまや橋」から車で20分ほどのところにある真言宗智山派のお寺だ。

奈良時代の七百二十四年、東大寺を造ったかの行基が聖武天皇に命ぜられて開創したという名刹である。古くから各地の学問僧を集め、「南海第一道場」と謳われた。そして何より、唐から帰った弘法大師空海がここにしばらく逗留し、修行したという伝承が残っている。

札所巡りでいえば、竹林寺の一つ前の三十番札所は同じ高知市内にある善楽寺で、歩けば50分ほどの距離がある。竹林寺に向かう途中で、善楽寺から竹林寺へ歩いている何組かの白装束のお遍路さんに出会った。

## 自由で間口が広い霊場巡り

竹林寺・海老塚和秀住職

四国の霊場巡りはいつごろから始まったものなのだろう？

竹林寺の海老塚和秀住職が教えてくれた。

「四国遍路の原型というのはお大師さんの時代の前からあったと思います。今のように八十八箇所という形になり、一般の人も巡礼するようになったのは室町から江戸にかけての時代でしょう。元禄のころに真念というお坊さんがガイドブックを作っています。ブームの基礎を作った人ですね」

その昔は、修行僧たちが、弘法大師の修行したゆかりの場所を巡礼していたという。廃仏毀釈のあった明治や、大戦の時代、一時下火になったが、昭和三十年代に「バスお遍路」が登場してまた盛んになった。バスにお米や野菜をつみ、寺に泊まって巡礼する。時代を感じさせる巡り方だ。近年では、瀬戸大橋が完成してまたブームになったという。

全行程を巡ると約１４００キロ。昔は60日をかけてまわり、今は40日～45日くらいで巡るらしい。バスやタクシー、自家用車を利用して1週間程度で回る「急行」組も多いそうだ。

「札所を数度に分けて巡る〝区切り打ち〟もあり、〝日曜遍路〟というのもあり、巡るのに最初は確固とした信心がなくてもいいんです。お遍路というのはとても自由で間口が広いものなんです」（海老塚住職）

## 意外に多い20代のお遍路さん

どんな人たちがお遍路さんになるのだろう？

「定年を迎え、第二の人生をどう生きようかと考えている60代の人たちが一番多く、次が実は20代前半なんです。若い人の場合、自分を見つめ、何かを見つけようとする〝自分探し〟の旅なんでしょう。ニートの人たちも来ます。有名人もよく来ますが、お遍路みちでは名前や肩書きを捨てて、安心して迷子になれる。日本人は、はぐれるとか、レールからはみ出

土佐二代藩主山内忠義により造営された本堂は国の重要文化財に指定されている

本堂をお参りするお遍路さん

すことを忌み嫌いますが、ここでは、あえて迷ってみる、外れてみることで、新しい世界が見えてくるんじゃないでしょうか。ここにはまたそういうお遍路さんたちを優しく受け入れる土壌があるんですよ」（同）

驚いたのはリピータの多さである。なんと60％がリピータだという。住職の知る最多記録は３０６回の男性。18年ほどの間とはいえ想像を超える回数だ。その人は中小企業の社長だった50代半ばで脳梗塞になり、初めは「なんで自分が……」と悔しくてならないという思いだったのが、巡り続けるうちに気持ちが変わり、「すべてお大師様のはからいと思ってお任せする勇気が出た」と語るようになった。「だから自分は死ぬまで生きてゆく」といってお寺を巡り続けたそうだ。

## 「お接待」という伝統

お遍路みちには「お接待」という言葉がある。お遍路さんを受け入れもてなすことだが、ほとんど無償であることが普

平日でもお遍路さんの姿が絶えない

国の名勝に指定されている夢窓疎石作の庭園

通の接待とは違う。道でおにぎりやみかんや飴をくれたりする。疲れていたら車に乗せてくれたり、何でも見返り無く施してくれるのだ。都会から来たお遍路さんなんかは戸惑うこともあるだろう。

「会社でリストラにあったある名古屋の青年が、お遍路みちで足が痛くなって歩けずに道に座っていたら、通りかかった地元のおばあさんが足をもんであげるというんです。青年は固辞したけど、おばあさんは早く靴を脱ぎなさいといってきかない。結局青年は足裏をもんでもらい、またお遍路を続けられた。その青年は、救われた思いで感激して名古屋に帰り、人の心まで温められる仕事だと感じ入って、足裏マッサージの店を始めたそうです。お遍路みちの人たちはお遍路さんをお大師さんと見て施しをする。その時だけでも仏様に近づけたと考える。徳を積むことができたと考える。それがお接待の精神なんですね」（同）

托鉢僧に人が施しをして徳を積むのと似ているかもしれない。

行基の作といわれる竹林寺の本尊文殊菩薩（秘仏）

## 弘法大師の作った「大きな装置」

お遍路みちは阿波（徳島）の霊山寺からスタートする。このお寺が一番札所で、徳島には二十三番札所まである。この阿波のお寺を「発心の道場」という。次が土佐（高知）の十六カ寺で、「修行の道場」。その次が伊予（愛媛）の二十六カ寺で、「菩提の道場」。最後が讃岐（香川）の二十三カ寺で、「涅槃の道場」。八十八番札所の大窪寺までたどり着けば「結願」となる。

鎌倉時代初期の様式をもつ五重塔

しかし、「発心」から巡り続けて弘法大師の故郷香川で「涅槃」の境地に入り、ある悟りを得られるというのは、弘法大師ではなく、後世の知恵者が考えた理屈だろう。

「それでも、歩き続けることによって、今まで見えなかったものが見えてきて、心のありようも変わってくるのでしょう。昔から、宝ものは遍路みちにこそ落ちているといわれてきました」（同）

住職の言葉には説得力があった。それは、何よりリピータの多さが物語っている。悟りこそ得られなくても、何か得るものがあり、ふだんの生活ではしたことのない体験ができたから、何度も繰り返し人はお遍路みちにやってくるのだろう。

「弘法大師はお遍路みちという大きな装置を私たちに作ってくれたんではないかと思っています」と住職はいう。

## 「同行二人」という言葉の意味

道中のすべてのものが、弘法大師の「おはからい」だという。眼に見えないがいつも隣にいてくれる。たとえば孤独感を抱いてやってきた都会からのお遍路さんは、はじめはあまりに都会と異なったお遍路みちの環境に驚き、札所を巡り続けるうちに、自分は、周りの木々や昆虫たちや風といった自然と繋がっているのだと感じ、自分の中にお大師さんがいると感じる。それを仏性といってもいいのかもしれない。そうして、道の向こうからやってくる同じお遍路さんや出会う村人たちのなかにもお大師さんがいる、寄り添う存在があると感じ、孤独を癒されるのかもしれない。それが「同行二人」という言葉の意味なのだろうか。

挫折したり悩んだり、あるいは自分探しをしようと日本中からやってくるお遍路さんたち——。

「私たち札所の者は、お遍路さんに学ばされることが多いんです」。海老塚住職の最後の言葉が印象に深く残った。

写真撮影・濱田智夫

山門の扁額の文字は川崎大師の先代貫首髙橋隆天和上が揮毫した

**海老塚和秀**　昭和33年9月、高知市に生まれる。昭和58年3月、大正大学仏教学部卒業。在学中の昭和55年12月、四国霊場第31番札所・竹林寺第43世住職に就任。爾来、札所寺院として数多のお遍路とふれあうとともに、「祈り・学び・楽しみの場」として現代に開かれた寺の姿を求めて活動している。伝統行事のほかに、中秋名月の夕べのコンサート「観月会（かんげつえ）」、夏休みに小学生を対象とした寺小屋「一日一休さん」、さらには、環境・まちづくり・四国遍路・癒しなどをテーマにしたイベントなど多数開催。四国八十八ヶ所霊場会理事。

# 【私の旅】

## 山があったから──快晴の北アルプス縦走

髙木弘司
川崎市在住

ゴクッ、ゴクゴク、カップに注いだ雪解け水を一気に呑み干す。もう一杯、さらに一杯。動物の糞やら他の不純物が気になったものの、最後の山の笠ヶ岳への途中、秩父岩手前の雪渓の下を横切る時の、ここから流れ落ちている冷たい水を前にしては、その誘惑に負ける。至極当然として、自然の恵みを飲み干す。

中学高校の同級生である友人との、昨年の裏銀座縦走に続いての、個人的にはハードな三泊四日の山行。登山口である折立までは富山駅からのバスで入る方法のみで、バスの始発に乗るために富山に前泊する。時間はたっぷりある身、今年開通した新幹線でなく、高速バスを利用する。午後一時二十分に池袋駅を出発し、八時前に富山駅へ着く。金額は新幹線の半分以下のリーズナブルなもの。長野の須坂市在住の相棒は長野駅─富山駅間の高速バスを須坂駅から乗る。こちらもまたリーズナブルで富山に前泊するのに良い時間帯だ。

最初の山は、薬師岳という多数ある同じ名前の山の中で、薬師如来浄土として信仰を集めてきた北アルプスの薬師岳。やはり一度行きたいと思っていた山だ。阿弥陀如来浄土の立山や大日如来の大日岳が、その奥には不動明王として崇拝された剱岳が聳え立つ。山岳信仰の山々から右側に移れば、赤白黒の三山、赤牛岳・野口五郎岳・水晶岳（黒岳）。これらをまとめて見る事の出来る薬師岳は本当に素晴らしい。野口五郎岳がこれほど存在感を表わして見えるのも、この薬師岳からだからかも知れない。その白さが何とも言えない。

二日目は薬師岳山荘から太郎兵衛平へ戻り、そこから一気に黒部五郎岳へ。昨年の裏銀座縦走時の水晶岳からの、圧倒的な存在感とそのカールの見事さは、長く見ていても飽きなかった。近くでじっくり見たいという思い、そしてやはり頂上にも立ってみたい……。その思いで登る。そこには全く期待を裏切らない光景が待っていた。ここからは、北アルプスのほぼ全ての山々を見渡せる。快晴の中で、山の名前を確認していく。何と贅沢な至福の時か。

標準時間で登れたものの、下りは長く感じる。カールを歩いている間は良かったが、黒部五郎小屋までも長く、そこから登り返しての三俣山荘までが辛かった。体力と時間に余裕

左が赤牛岳、奥の稜線に野口五郎岳、白い雲の真下に水晶岳

があれば、翌日の行程を楽にしたいと三俣蓮華岳から双六小屋くらいまではとの思いもあったが、とても無理な考えと諭された形だ。

三日目の山行は双六岳を経由。ここから双六小屋まで、穂高連峰を見ながらの歩きは、何度来てもいい眺め。全く雲の無い快晴の中で山歩きをする運に恵まれ、ここの歩きではその思いを更に感じる。右手側に視線を移せば、深い青空の下の焼岳・乗鞍岳・御嶽山そして笠ヶ岳の構図は素晴らしい。今回の山行で最も良い写真となる。自宅で引き伸ばした写真の入った額を見てそう思う。

その稜線は意外と歩きやすいと思い込んで選択した笠ヶ岳への道。黒部五郎岳から見た笠ヶ岳への稜線はそう感じさせた。事前の確認は時間とコースだけで、ガイドブックの情報を把握していなかった。大きく下ってさらに大きな登りがあり、いくつもの登り下りの多い尾根。三日間の疲労が出始め、午後の歩きも重なり、足の運びは遅い。やっとの思いで着いた山頂からの、穂高を前に三六〇度の眺望は思い描いていた通りの景色だ。感動のみ。

翌朝の御来光もこれまた素晴らしい。穂高連峰のシルエットの中、槍ヶ岳の左肩から登る朝日。やがて反対側の黒部五郎岳が少しづつ朝日に染まり始める。これもまた至福の時。今日も一日中快晴の予報、今回の四日間は全くもっての快晴の日々。今後数年分の快晴の日を使い果たしたのでは、と思うほどの天候。思惑外は、贅沢だが満天の星空のはずなのに満月に近い月が明る過ぎて、納得のゆく星空ではなかったことぐらい。

六月・七月は東北の山でも雨模様の中の山行が多く、八月中旬からは雨の何も見えない山歩きもあった。北アルプスのこれほどの天候の中を歩く経験をしてみて、曇りや雨の山行となっても一喜一憂せず、自然体である事の重要さがやっと理解できた。何事にも感謝の気持ちを持つ。自然に、関わる周りの方に、今のこの時間に、今の自分に、しいては親に、ご先祖に……。

笠ヶ岳と笠ヶ岳山荘の間に月が見える

# クロアチア　わくわく紀行

醍醐　洋子
横浜市在住

旅の事、思い返してみました。

旅といえば国内旅行で多くの寺社仏閣を訪れました。数年前に大病を患い一時旅行から遠ざかっていましたが、お陰様で体調も快復し、クロアチアに行き教会を訪れる機会に恵まれました。行く時のワクワク感と言ったら……！

クロアチアは国土が日本の四国と同じ程度の小さな国ですが、周囲をボスニア、スロヴェニア、ハンガリー等、幾つかの国々に囲まれた自然豊かな美しい国です。ザグレブ国際空港に降り立って最初に訪れたブレット湖は、「アルプスの瞳」と讃えられるヨーロッパ屈指の湖水リゾートです。断崖上に中世の古城、湖中央の小島には結婚式も行われる教会があり、花婿は九十九段の石段を花嫁を抱きかかえて登り、その想いを表すと言われています。クロアチア男性は大変ですね！

緊張しながら国境を越えてスロヴェニアに入り、世界最大の神秘的なカルスト宮殿といわれるポストイナ鍾乳洞へ。トロッコに２km乗り、ガイドの方の案内で１時間半の洞窟巡りをしましたが、鍾乳洞の大きさに圧倒されました。この旅の中で楽しみにしていたプリトヴィッツェ湖群国立公園は期待通りの見事な湖水群。十六の湖と無数の滝が織りなす美しい水辺風景には感激です。湖群はエコロジーバスや電動ボートで移動することになっていて、その環境が大切に守られていることが分かります。上湖群・下湖群とあり、青く澄んだ湖と形を変えて流れ落ちる大小の滝を林道を歩きながら十分に堪能し、とても癒されました。

プリトヴィッツェ湖群国立公園

その後ユーゴスラビアから独立したボスニア・ヘルツェゴヴィナに入り、モスタルへ。渓谷美を一望する世界遺産の橋スタリ、モストは十六世紀の石橋で、ボスニア紛争で破壊されましたが、ユネスコや民間からの援助で２００４年にきれ

スルジ山から望むアドリア海と市街地

いに復元されたのです。
　旅の最後に訪れたドゥブロヴニクはアドリア海に面し、城壁に囲まれ古くから海洋国家として栄えた古都。アドリア海の真珠と呼ばれてきました。特に旧市街を見下ろすスルジ山からの景色は第一級の絶景で、紺碧のアドリア海とオレンジ色の屋根瓦の対比はとても美しいものでした。その小さな城壁の中の街には、聖遺物や財宝の数々が展示され、祭壇にティツィアーノの作品が飾られた煌びやかな大聖堂がありました。また、聖ヴラボ教会、ドミニコ会修道院。そしてロマネスクの美しい回廊に面した世界で三番目に古い薬局、中世からのレシピに基づいた薬草たっぷりのコスメ（もちろん購入）が人気のサランシスコ会修道院等の数多くの教会がありました。サランシスコ会修道院では突然のにわか雨と雹、大きな大きな落雷（！）に遭い、凄い洗礼を受けた思いでした。
　この旅の中で訪れた数々の教会には、その昔宣教師によって世界中に布教されたキリスト教の大きさを感じました。キリスト教の祈りは敬虔な祈りといわれています。人の祈りはキリスト教、仏教と少し違いはありますが、手を合わせて願い事を念じ、想う心は同じではないかと思います。煌びやかで荘厳な教会を訪れて想ったのは、日本の仏教の落ち着きある〝わび、さび〟のある奥深さが、海外でどのような印象で受け止められているのかということです。
　日本、西洋それぞれの国で教祖となられた方々は、多くの教え、導きを示され多勢の人々に信じる心の大切さを育みました。その教えへの想いを改めて強く深くする。そんなクロアチアの旅でした。（写真の撮影・提供は小田原在住の加藤和男氏）

聖ニコラス大聖堂（スロヴェニア）

# 「ご詠歌」大会で仙台へ

堀口美恵子
川崎市在住

仙台・秋保温泉のホテルで、寝つかれぬまま、ご詠歌と自分とのかかわりについて考えてみました。子供たちが病気のときや受験のとき、お大師さん（川崎大師）へ一心にお願いしたものでした。その時どきの心が、長く学んできたご詠歌につながっていたように思えます。

ご詠歌とは、平安時代から巡礼者などが、和歌に節をつけたり、和讃といって七五調で句を重ねた歌詞に節をつけて唱えるものです。右手に鉦、左手に鈴《れい》をもって、拍子をとりながら唱えます。

今度の旅は、そのご詠歌の大会に参加するための旅。正式には「第二十一回真言宗智山派密厳流宮城大会」。参加者は二十三名。

平成27年6月2日朝8時に川崎駅に集合して、新幹線で仙台へ。仙台からチャーターされたバスに乗り、途中、何ヶ所かを観光して、秋保温泉に着いたのはもう夕方でした。

けっこうな強行軍で、翌日は朝早く、秋保温泉を発って、会場となっていた名取市の名取文化会館へ直行です。名取市は仙台市に隣接していて、太平洋に面し、かなり古い歴史のある街のようですが、私たちはゆっくり観光をしている暇はありません。

会場は千人以上は収容できるような大きなホールです。私たち「紅組七番平間寺」チームは、午前の部の最後の出演でした。そこで、実は思わぬハプニングがあったのです。

舞台裏で出番を待つ私たちに、主催者側のあるお坊さんがこういうのです。

「川崎大師さんへ敬意を表わして、今回は舞台を全面お使いください」

「エーッ、そういう大事なことは前もっていって下さいョー」と心の中で叫びました。いつもは、二つのチームが舞台を半分ずつ使います。煌々としたライトを浴びたチームがお唱えし、舞台の半分の暗がりでは、出番を終えたチームが退場し、代わりに次のチームが入ってきて出番を待ちます。これが決まりなのです。

みんな、頭の中が真っ白。昨夜も今朝も手順を練習してきたというのに……。チームの人たちはみんな心の中の動揺を隠せません。

多分、客席にいた人たちにも、私たちの動揺が分かったと

大会に出演した「紅組七番平間寺」チーム

思います。

それでも、私たちに同行してくださった先生たちは、「よくやったね」と褒めて下さいました。

大会を終え、私たちは帰路につきました。いまはまだ、このときのことを思い出すと心穏やかではありませんが、もう少し時間がたてば、これも旅のいい思い出になるのでしょう。

毎月、私たちは空海さんのご命日の二十一日に、川崎大師平間寺本堂入口でご詠歌をお唱えしています。六十歳を過ぎ、私もお大師の俳句を詠んでおられるお坊さんの影響を受け、私も俳句を読み始めました。よき師よき先輩方に恵まれ、旅の折、日常生活の中で句作を致します。以下は、そんな句作のなかで生まれた句です。

おン僧の九十の笑顔涼しかり　（智積院にて）

足裏に秋の声きく長廊下　（平間寺にて）

「津波禍いまだ」

陸前の梅雨田を糧に生きんとす　（仙台にて）

名取市文化会館の前で

# 『般若心経』の読み方

宮坂宥洪
智山伝法院院長

## (1)『般若心経』を理解するために

『般若心経』ほど昔から僧俗を問わず広く親しまれてきた経典はありません。江戸時代には、読み方を絵で表わした「絵心経」というものが生まれ、文字の読めない人でも読誦できるような工夫までされました。

　本文わずか二六二文字の『般若心経』全体が尊い「祈りの言葉」として、無数の人々によって、さまざまな場面で唱えられ、あるいは書写されてきたのでした。

　そういう経典ですから、この経典に関して解説を施した書物も昔から今に至るまで数えきれないぐらいあります。そのほとんどは、『般若心経』は膨大な『大般若経』六百巻の要約であって、大乗仏教の「空」の教えを説く経典だというものです。

　そうではなくて、そういう「従来」の捉え方は誤りであって、『般若心経』は真言を説き示す密教の経典にほかならない、ということを明らかにしたのが、お大師さま（＝弘法大師空海）の『般若心経秘鍵』（以下『秘鍵』）という書物です。

　それにもかかわらず、その当時の誤った「従来」の捉え方は、なんと一千二百年後の今なお主流なのです。お大師さまの見解は真言宗の特殊な解釈だとされているのが実状です。

　これほど流布している経典が、一般に正しく理解されていないというのは、むしろ驚くべきことであり、悲しむべきことであります。

　お大師さまの見解を、以下にかみ砕いて紹介しましょう。

## (2)『般若心経』は何を説いた経典か

『般若心経』は何を説いた経典でしょうか。

『般若心経』は「般若心」を説いた経です。これ以外に答えようがないでしょう。『手紙の書き方』という本があれば、それは「手紙の書き方」について書いた本にきまっています。それと同じです。

　ところが、まことに信じられないことに、『般若心経』に関して、「般若心」を問題にした解説書は、古今東西、お大師さまの『秘鍵』以外は、皆無なのです。

　あまりのことに、もしかすると、私が嘘を言っていると思われるかもしれません。試しに、書店か図書館で、『般若心経』の解説書をご覧頂きたい。本当のことです。

まず、「般若」は「般若波羅蜜多」の略です。これはインド語の「プラジュニャー・パーラミター」の音写です。文字通りの意味は「智慧の完成」。原語は女性名詞ですから、これは実は女尊の名前です。仏母のことです。お大師さまは、この方を大般若菩薩と称しています。仏母とは、智慧の源泉たる「仏陀の母」のことです。

この語は六波羅蜜という大乗仏教の実践徳目の一つに数えられているものですが、一般に誤解されているように、ここではその意味ではなく、菩薩とその真言の名称です。

次の「心」の意味は、「真言（マントラ）」です。真言とは「祈りの言葉」です。

お大師さまの時代にも、この「心」を『大般若経』の心要、エッセンスを略したものだと解する人がいたようです。だが、同じ鱗があるからといって、龍と蛇を混同してはいけないとお大師さまは諭しています。もちろん、『般若心経』が龍だと言っているわけです。

仏母「般若波羅蜜多」に対する祈りの言葉を説いた経。それが『般若心経』です。

この経典の最後に示されている「掲諦掲諦　波羅掲諦　波羅僧掲諦　菩提娑婆訶」。この真言の名称を「般若波羅蜜多」というのです。般若波羅蜜多と称する真言（＝心）を説いた経典、それが『般若心経』です。

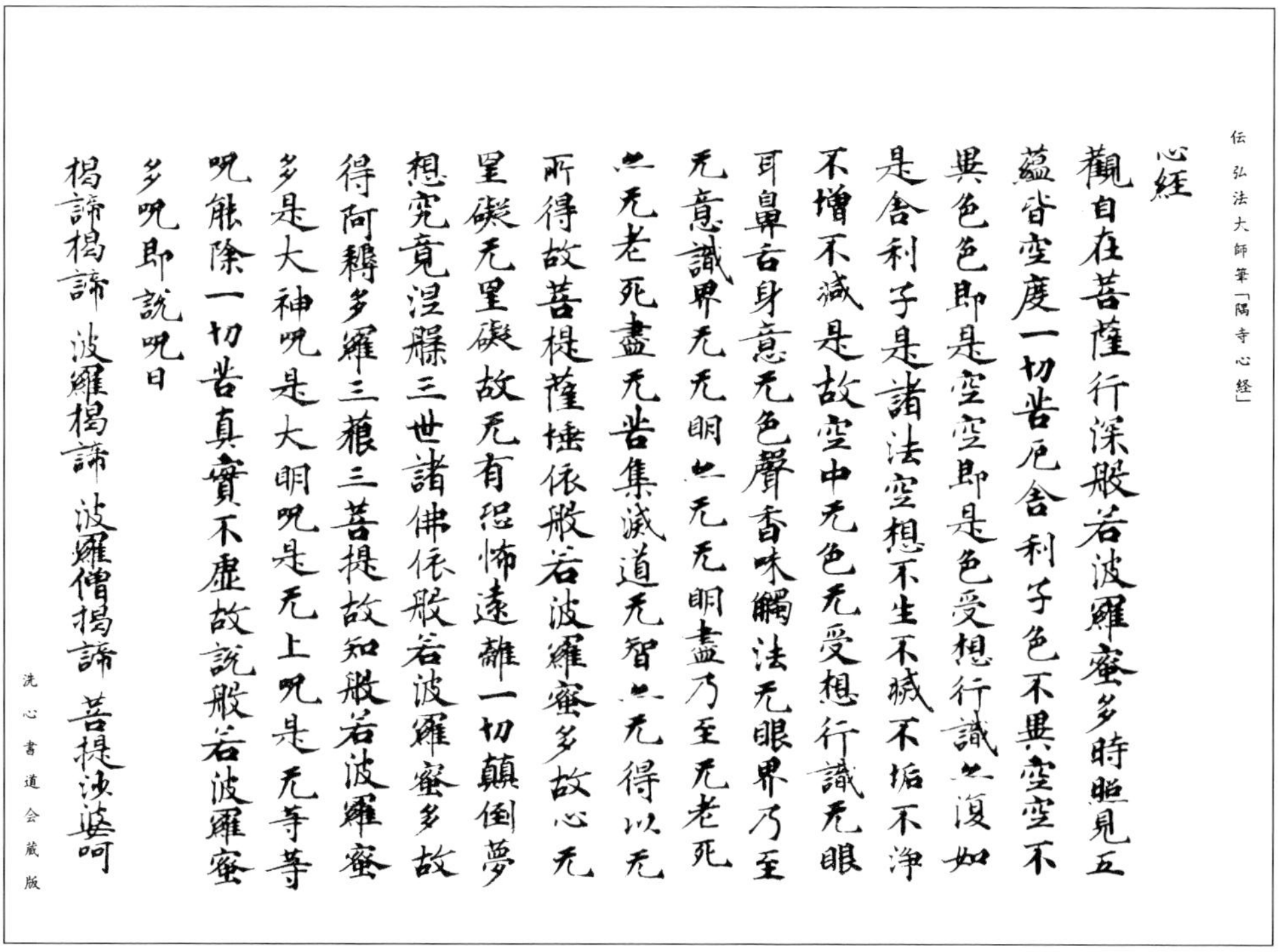
伝 弘法大師筆「隅寺心経」

心経

観自在菩薩行深般若波羅蜜多時照見五蘊皆空度一切苦厄舎利子色不異空空不異色色即是空空即是色受想行識亦復如是舎利子是諸法空相不生不滅不垢不浄不増不減是故空中无色无受想行識无眼耳鼻舌身意无色聲香味觸法无眼界乃至无意識界无无明亦无无明盡乃至无老死亦无老死盡无苦集滅道无智亦无得以无所得故菩提薩埵依般若波羅蜜多故心无罣礙无罣礙故无有恐怖遠離一切顛倒夢想究竟涅槃三世諸佛依般若波羅蜜多故得阿耨多羅三藐三菩提故知般若波羅蜜多是大神呪是大明呪是无上呪是无等等呪能除一切苦真實不虚故説般若波羅蜜多呪即説呪曰

掲諦掲諦　波羅掲諦　波羅僧掲諦　菩提娑婆訶

洗心書道会蔵版

弘法大師筆と伝えられる「隅寺心経」

これは「大神咒であり、大明咒であり、無上咒であり、無等々咒である」と、般若心経の本文に記されています。「咒」

の原語は「マントラ」です。これを漢訳者の玄奘三蔵は「咒」と訳したのですが、この語は後代になって「真言」と訳されるようになりました。したがって、「咒」と「真言」とは同義なのです。

繰り返して言うと、『般若心経』本文の中の「咒」という語はすべて「真言」と言い換えられます。この経典が漢訳された時代には、「マントラ」の訳語として「真言」はまだ生まれていなかったのです。ただそれだけのことです。

そして、「マントラ」と同義の経題の原語「フリダヤ」を玄奘三蔵がもし「心」ではなく正確に「咒」と訳出していたら、この経典を「こころの経」などと解する余地はまったくなく、もしかすると『般若心経』の解釈史も全然違ったものになっていたかもしれません。

この経典の「心経」という名称は、正しくは「真言経」だったのです。

## (3)『般若心経』の舞台

『般若心経』は「空」の教えを説いた経典である、というのが一般の通説です。

『般若心経』が「空」を説いているのは確かですから、それは誤りではありませんが、それがこの経典の目的ではありません。

『般若心経』の原典には大小の二種類があって、現行の『般若心経』はプロットの説明などを省略した「小本」のほうを漢訳したものです。

「大本」によると、『般若心経』の舞台は、釈尊が好んで説法をしたと伝えられる霊鷲山という実在の山の頂きです。そこで展開する「瞑想と祈り」のドラマが『般若心経』なのです。現代の解説者の中にも、この「大本」を知らず、したがって『般若心経』のプロットを理解していない人が少なからずいますが、お大師さまは『秘鍵』の中で、この舞台に言及しています。さらりと述べているため、このことを特に問題視する人は誰もいませんが、驚くべきことです。

お大師さまの時代に、はたして「大本」が成立していたのかと疑問視する向きもありますが、お大師さまが「大本」の内容を完全に承知していたのは事実です。

インドの霊鷲山という実在の山の頂きで釈尊が説法されたのです。

実は、お大師さまは御自身、その昔、この説法の座にいて、『般若心経』の奥深い意味を直接お聞きする機会に恵まれた。だから、どうしてこの経典の意味するところを捉えてないということがありましょうか。だから、『秘鍵』という書物の中に、釈尊の教えをしっかり取り込んで、示すことができた、ということを『秘鍵』の最後の「上表文」に記しています。

この上表文は後世の偽作だという人がいます。たしかにお大師様が、かつてインドでの釈尊の説法の場所にいたなどということが現実にありえた話ではないことは論証するまでもないことです。でも、私はあえてこれは真実を伝えているのではないかと思うのです。

このような奥深い経典の真意を理解するということは、釈尊の言葉を直接聞いたという確信と感激、そのような「神秘的」な実体験がどこかに伴うべきものではないでしょうか。

## （4）『般若心経』の真実

お大師さまは『般若心経』の本文を五つに区切り、それが仏教の重要な部門をなす「声聞」「縁覚」「法相」「三論」「天台」「華厳」のそれぞれの教えに該当することを述べ、それらがすべて最後の真言に帰するという解釈をしています。

とりわけ『般若心経』の中の「色不異空」より「色即是空」の有名な語句は、普賢菩薩の悟りの境地とみて、華厳宗の教理の集約されたものとみなしています。これを言い換えれば、これは『般若心経』の中の、あくまでも一つの教理であって、『般若心経』の主題ではないということです。

このあまりにも有名な「色即是空」について、この際一言付すと、そもそも「色」とは一体何なのでしょう。

『般若心経』に関して、現代において最も定評のある中村元・紀野一義訳注の岩波文庫本では、「色」を「物質的現象」と訳しています。そして、「色即是空」を「物質的現象には実体がない」と訳しています。ほとんどの解説者は、これにならっています。

だが、インドの原語の「ルーパ」、そして漢訳語の「色」に、果たして「物質的現象」という意味があるのでしょうか。ありません。

これは単に「姿かたち」、すなわち「眼に見えるもの」という意味です。

目に見えるものは移ろいゆく。これは日本人なら、だれでも知っているイロハ歌の最初の文句です。「色は匂へど散りぬるを」。実はこれは『涅槃経』の中の「諸行無常」の和訳なのですが、同時にまた「色即是空」の意訳でもあるのです。つまり、「色即是空」と「諸行無常」とは同義なのです。

この教えは理屈ではなく、実践的に体得しなくてはなりません。

そうして究極的な覚りの真実に到達することができるのです。

その手段として、ある真言に集中する「念誦」という修行法が存在します。

その修行法を説いた経典が『般若心経』なのです。

# 「書聖」ということ—空海の書

石川九楊

「弘法は筆を選ばず」はどんな筆でもうまく書けたという意味ではないよ。空海は長持に筆を三杯も持っていたから、べつに選ばなくても良い字が書けたよという意味だよ。

子供の頃、私の書の先生は、冗談とも本気ともつかず、こう意表をつく言葉を口にした。日本では書といえば空海、空海といえば書。これに加えて「弘法も筆の誤まり」はもっとよく知られた格言である。——ここまで書いてきて、近頃この格言をついぞ耳にすることがなくなったことに気づいたが——。

空海は「書聖」なる冠を載せて呼ばれることがある。書の本国・中国で書聖とされる王羲之もそうだが、さて空海はなぜ「書聖」と冠称されるのかと改めて問われると返答に窮する人が過半だろう。だが、空海の書をよくよく解読してみると「書聖」と呼ばれるに足る理由が三つ浮かんでくる。

## 空海の書の三つの方向

「書聖」といわれるのだから、書の名手に違いないと考えるのは正しい。だが、書が上手かったに違いないと考えるのはちとまずい。書は上手い下手というような網目にひっかかるような粗雑な表現ではないというのが一つの理由。もうひとつは空海の書の表現は三つの方向に展開し、一筋縄ではとらえられないからである。

第一は王羲之の書を肉体化した表現。第二は王羲之の書からはみ出る雑体書の表現。そして第三には三蹟に連なる和様の書の元祖となる書きぶりの表現。この三つである。

## 東アジアの基準——王羲之の書の肉化

空海の書がすぐれている第一の理由は、王羲之の書を克明に学習し、これを肉体化したことにある。その代表作が、空海が最澄に出した書簡「風信帖」である。

王羲之が「書聖」とされるのは、その書が歴史上もっとも立派であるからという理由ではなく、現在、われわれが書く文字を含めて、その典型、モデルの位置を占めているからである。

たとえば、「三」の字の横画がやや右に上がり、それぞれ、短・短・長の長さに書く、さらには力の強弱、点画の仰・平・覆の力のベクトルなどの書字の規範の根拠が　王羲之の「集字聖教序」とそれを定型化した唐代楷書に求められるからである。王羲之の書は、東アジアの全域に及ぶ漢字の典型、であるという意味において「書聖」と呼ばれるのが第一の理由である。

日本で、王羲之の書を学んだ嚆矢が空海であったわけではない。それ以前、奈良時代の光明皇后は、王羲之の「楽毅論」を改行状態まで含めて懸命に臨書している。しかしその書きぶりは、王羲之の書の姿にはほど遠く、あくまで光明皇后流にとどまっている。ところが空海はその書きぶり（点画の筆蝕、文字の構成）を王羲之の書、つまりは東アジアの基準に最大限近づけ、骨肉化している。

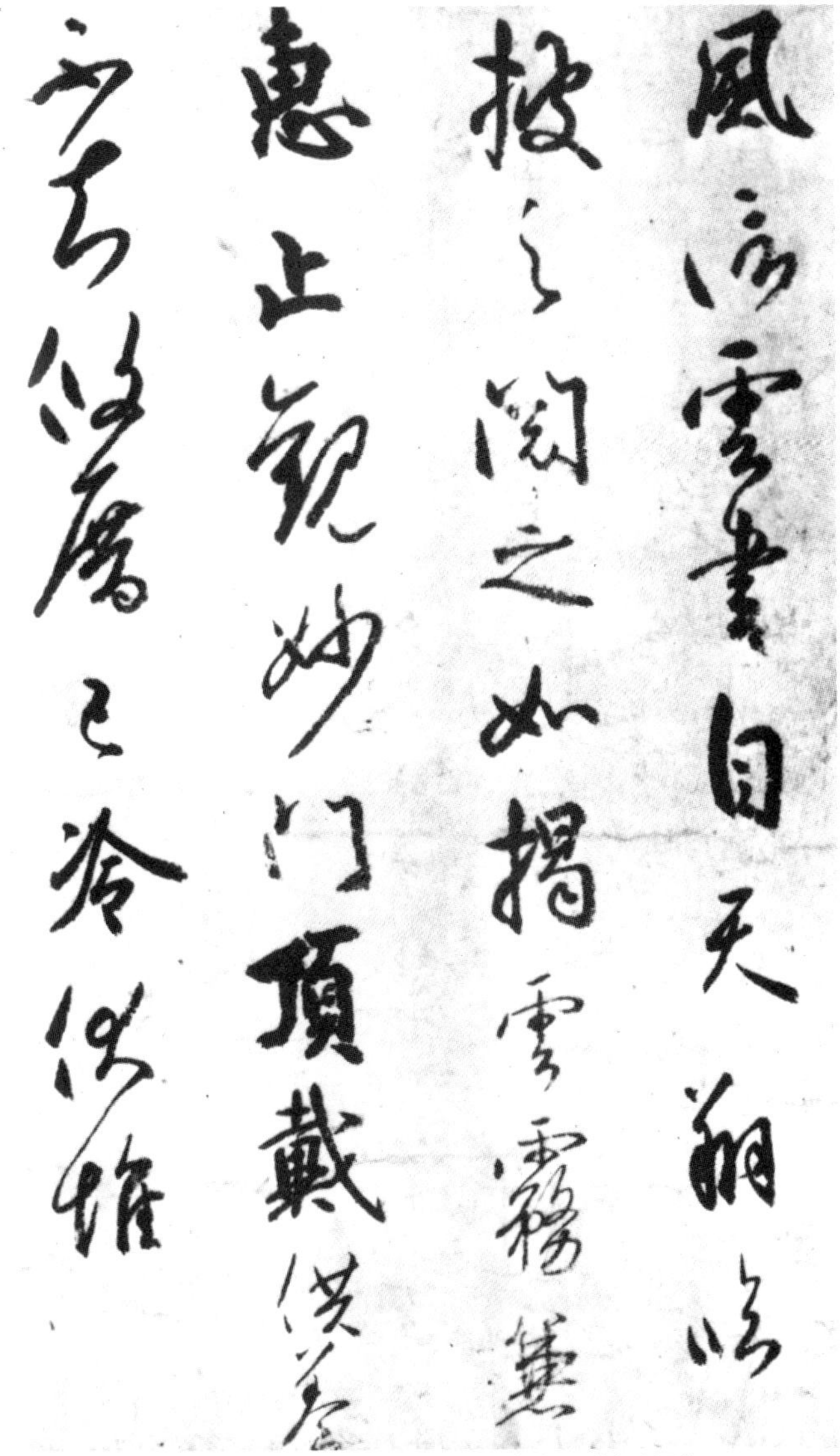

「風信帖」の冒頭部分（『書道藝術』第12巻 中央公論新社刊）

つまり、「風信帖」が空海の書の中で代表作とされるのは、どの字をとってみても、王羲之の「集字聖教序」をふまえた東アジアの格調ある標準的な書に位置づけられるところにある。

ついで空海の「灌頂歴名」の書もまた評判の高い作である。こちらは記録文書であることから、日常の率意の筆記体の書きぶりで、筆画もやや肥えており、顔真卿の書に似通った貌つきを見せている。このため空海は顔真卿の影響を受けているのではないかと説く研究者もいる。だが、先の「風信帖」にはいっさい顔真卿に通じる書体が読みとれない。

実は、顔真卿はむろん王羲之の書をふまえている。そして空海もまた同様である。王羲之風の書きぶりで力がすこし単調かつ強くはたらけば顔真卿風の書に転じるのである。書史では、王羲之（王法）と顔真卿（顔法）を区別する。だが顔法は王法を忠実にふまえている。そして空海の書もまた王法に属する。したがって「灌頂歴名」が顔真卿に似た相貌をみせても何らふしぎではない。

## 大陸への違和感としての雑体書

嵯峨天皇、橘逸勢と並んで三筆のひとりに数えられる空海の解説文の多くは、その書を無条件で絶賛する。そこでは、前掲の「風信帖」や「灌頂歴名」のような書が例示されるのが常である。

しかし空海が、上記のような作品しか残さなかったら、すぐれた書の秀才、英才とはされても、「書聖」とまで讃えられることはなかっただろう。

空海が「書聖」であるゆえんは、王羲之風にとどまらない書を残したからである。

その代表作は「益田池碑銘」と「眞言七祖像行状文」。これらの書を見てその奇怪な姿に驚かない人はいないのではなかろうか。見れば見るほど「これが書聖の字か？」と疑念がもたげることだろう。

点画がいろいろな物象を形どり、装飾文字とも見えるようなこれら一連の文字を「雑体書」と呼ぶ。

たとえば「益」字の上部の三つの横筆は広がる波、「偃波《えんば》」とも、また、たなびく雲「雲書」とも見える。「銘」字の第一画下部、また「開」字第一画の姿は、おたまじゃくし、「蝌蚪」である。蝌蚪はやがて一大変態をとげて蛙になるとともに精虫を意味することから、生命の源として神聖な意味をもつ動物である。「序」字の最終筆はその姿の通りしたたり落ちる露、「垂露」。「照」の字を構成する四つの点の左右の点や「金」字の天に向けて踊りあがる第一、二画の終筆部は、龍か虎の爪「龍爪」「虎爪」の形をしている。他に水紋状の「水」の字。「転宿星」とよぶ三つ星姿の「星」字、サルノコシカケ、霊芝を形どる「芝英」（「書」字の中央縦画の起筆）、さらには、鳥、鳥の頭（「鵠頭」）など動物、植物、鉱物、天体などを形どった点画の文字が、書き始めから終りまでこれでもかこれでもかと並んでいる。

　果たしてこのようなおかしな文字を「書聖」ともいわれる人が書くものだろうかと疑問を抱く人も多いことだろう。そのためか、従来の書の評論では、これらの書をまともにとり上げてはいない。とり上げると「書聖」という呼称とのつじつまが合わなくなると考えるからだ。

「益田池碑銘」（『書道藝術』第12巻 中央公論新社刊）

　空海を含めた三筆は、不思議なことには、「益田池碑銘」ほどの卓越した雑体書ではないものの嵯峨天皇、橘逸勢もまた奇怪な表現の書を書き残している。
　すなわち、大かたの判断に反して、「眞言七祖像行状文」や「益田池碑銘」のような奇怪な書を残したがゆえに、空海は「書聖」と呼ばれるのである。
　「益田池碑銘」では、動物、植物、鉱物、天体、いわば森羅万象を寄せ集めた書を書くことによって、空海は、ひとつには天上天下の万物が寄り集まって、灌漑池・益田池の落成に歓喜しているその祝賀図を描いている。むろんこれが最大の意図であろう。
　しかしなぜ、王羲之の書をふまえて、初唐代に完璧な姿を現した謹厳な書体である楷書体で書くことを避けたか。それは、厳格にして屹立するような書体とともにある苛烈な政治社会中国への馴染めなさ、違和感からである。楷書体でも王羲之風の行草書でもない書体、それが、中国では六朝時代に流行し、すでに空海の時代には流行り終えていた雑体書であった。空海はその書体に目をつけた。しかも、中国における雑体書のように蝌蚪なら終始蝌蚪文字で一文をしたためるのではなく、可能な限りさまざまな雑体を寄せ集めてひとつの文を書いた。あらゆる書体、描体を結集することによって、書きぶりの上で違和感の少ない文字を創らんとしていたのである。そこには弧島独自の歌と文への時代の指向が蠢いていた。

御物の空海筆「孫過庭書譜」が、王義之風の行書体と雑体書が入り交った書となっているのは、すべてを中国から学び、その表現力のすべてを駆使して「違和感」の先へと歩み出すべく苦心していたからである。

## 三蹟を準備した元祖和様

空海の雑体書は、東アジアの厖大な学問知識に通じた知識人の遊戯的デザイン的な表現ではなかった。その事実はここに萌芽した書字法が次なる三蹟（小野道風、藤原佐理、藤原行成）の書を準備し生んだことから証明づけられる。

そのことを空海の「崔子玉座右銘」というこれまた奇妙きてれつな書が明らかにする。

「無道人之短。無説己之長（人の短を道《い》うこと無かれ。己の長を説くこと無かれ）」と書かれたこの書は、空海の真蹟と広く認められている。だが、草書体の文字が肥瘦をまじえてウネウネと文字通り蛇行する書きぶり（筆蝕展開）は率直な書法ではなく、そこには恣意的な（深度・速度・角度の展開が自然な脈絡を欠いている）展開が見られ、書に通じた者であればあるほどこれが本当に空海が書いたものだろうかと考えこむことになる。

しかし、「益田池碑銘」のたとえば「銀」「功」「池」「故」「能」などの最終画が肥から瘦へと力を減じ、蛇行をしつつ次字に連続せんとする書きぶりは、「崔子玉座右銘」を想起されるに十分である。一行に二字、むりやりと思えるほどに連綿連続させる「座右銘」の作の奇怪さは、徹頭徹尾、上下二文字の連続連綿に心を崩いて表現している姿にある。

草書体で書かれているのだから連続を当然と考えるのは、日本的な思い込みである。草書は、書の本国・中国では速書きの省略体を指し、必ずしも連続するものではなく、連綿連続体の草書は「狂草」とよんで区別した。

この作品の背景には、空海の生きた時代の澎湃と湧きあがっていた「連続への意志」とでもよぶべき力がある。おそらく空海はその力に突き動かされて「座右銘」の書を書いた。

その「連続への意志」の正体とは何か？

それは弧島にまぎれもなく存在した話し言葉（言）や歌を、

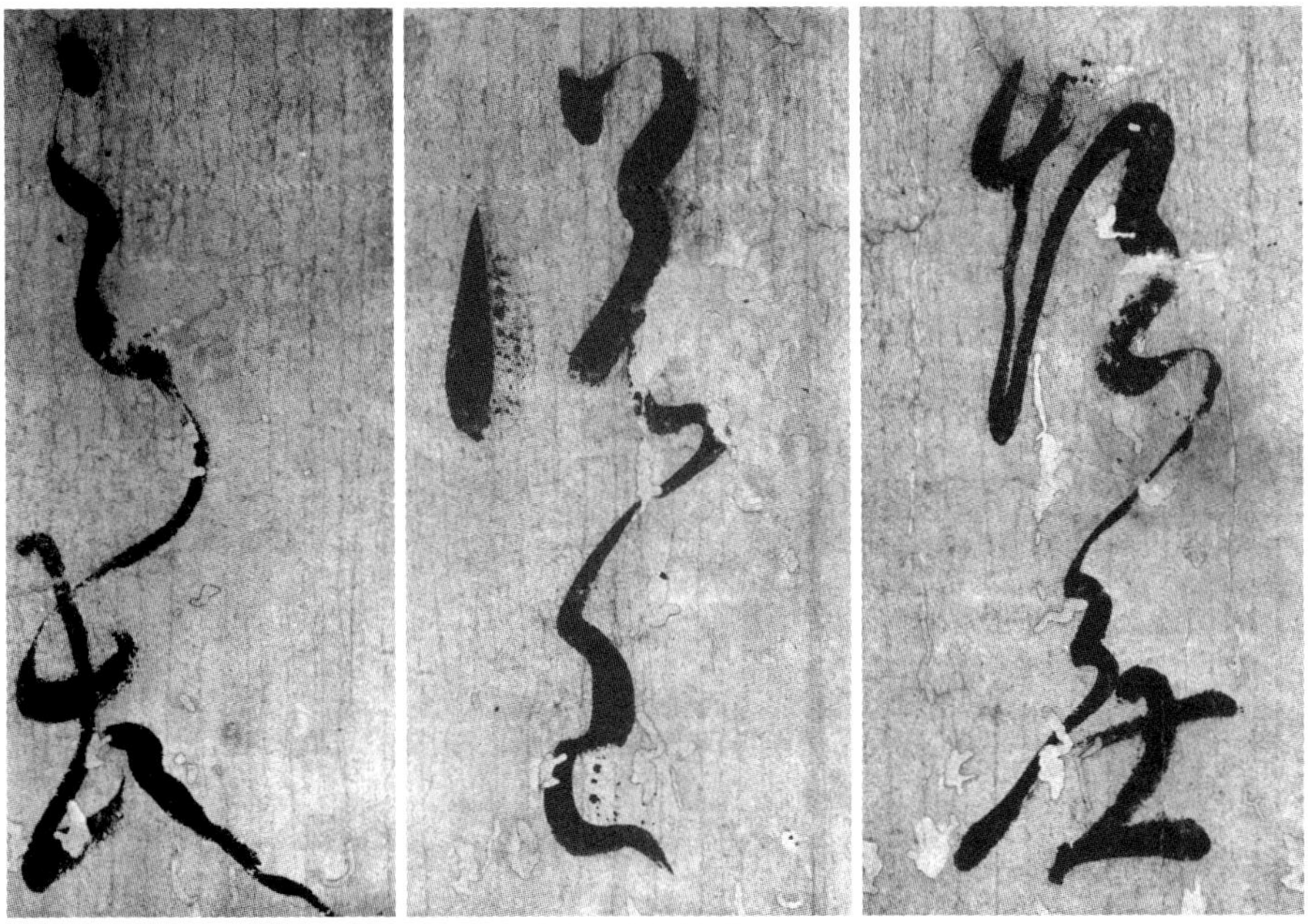

「崔子玉座右銘」（『書道藝術』第12巻 中央公論新社刊）

漢文や漢詩のように書き言葉（文）として確立せんとする指向である。むろんすでに奈良時代には、漢字を駆使して歌を表記する文字・万葉仮名をつくった。だが、それは、あくまで漢字を表意的にか表音的にかあてはめるものにすぎず、漢字である側面をぬぐいきることのできない文字であった。そのため文や歌を一からつくろうと試みても停滞と渋滞が入りこんだ。「人」という語も、二つの文字の間に時間的、空間的な闇を挟みこんで「比止」と書くしかなかった。そこでは、なめらかな思念、思考を促し、それを滞りなく書きとめ、さらにはその書くことがさらに思念や思考をふるいたたせて次なる言葉を導き出すという「創造の余地」は限られていた。

## ひらがなへの連続

漢字の側面を払拭できないとはいえ、新生の万葉仮名は、その次なるステージへと向かう潜在的なエネルギーを蓄めこんでいた。そこからの脱却は、万葉仮名の連続、結合にあった。たとえば、二字の「比止」が「⿱比止」という一字になることだった。すでにくだかれた漢字およびそのローカルな行書体と化していた万葉仮名は「⿱比止」という楷書体風の文字には戻れない。そこで万葉仮名はさらにくだけ、また上下に連続することを常とする書体へと変貌を遂げた。かくて生まれたのがひらがな（女手）である。「比止」から「ひと」「ひと」という文字はこのように生まれたのである。

「連続」することなどたやすいこと、条件が整えば自動的に生まれるものと考えるかもしれない。しかし、上下文字の連続性を常態とするひらがなは、第一には、中国盛唐期の懐素や張旭の書に代表される連綿草＝狂草の成立によって、文字は上下に、また際限なく連続することが許されることであることを知ること。第二には、その「連続」の姿を応用して万葉仮名が一大変貌をとげた書法からなる新たな書体を現実に獲得することが必要である。人間はといってもいいが、文化というのは保守的なものである。それを現実に動かすためには、さまざまな小さな試行が積み重ねられる必要がある。その「連続を常態化する」姿への模索がこの「座右銘」の連綿に確認される。このように考えた場合にはじめて、この奇妙きてれつな書が空海が書いたものとして了解され、のみならず、「さもありなん」と得心することができるのである。連続するこの文字の姿には、新しいひらがな（女手）の書きぶりの萌芽が見られるのである。

## 和様への蛇行

「眞言七祖像行状文」（善無畏）も雑体書オンパレードの何とも不思議な書である。しかし雑体書や「座右銘」の書きぶり（筆蝕）が何ゆえ登場したかが腑におちると、この種の書きぶりが当然と思えてくる。

そしてこの「眞言七祖像行状文」の中でとびきり目立つ「開」字や「問」字の「門《もんがまえ》」の肥瘦相交互する「つ」字形の蛇行の書きぶり（筆蝕）をじっと見つめていると、やがてその先に、いつかの書が浮かんでくる。それは「三蹟」――小野道風の「屏風土代」であり、藤原佐理の「詩懐紙」であり、藤原行成の「白氏詩巻」である。それらに共通して見られる横画を筆毫の浮沈を繰り返しながら、S字型に書きついでいく「和様」の書きぶりである。

三筆と三蹟の名前が浮かぶ人は多いだろう。しかしその違いはどこにあるかをはっきり指摘できる人はまれであろう。弘仁・貞観期の三筆、摂関期の三蹟、両者の違いは、平安時代の前期と中期の時代の違いと考える人もあるだろう。その通り。一口に平安時代といっても両者の間には大きな違いが彫刻にも建築にもその他あらゆる表現に見られる。

三筆と三蹟の両者間には書きぶり（筆蝕）上、決定的な違いがある。だが問題はその間に何があったかである。それはひらがなの誕生であった。ひらがなの誕生が歴史を一変させた。前者には、日本独自といえるような表現は育ってはおらず、中国の書の学習期の書である。しかし、そこに、あまりにも政治的な中国への違和感から雑体的表現が胚胎した。そこに日本の自覚は芽生えた。

「眞言七祖像行状文」（『書道藝術』第12巻 中央公論新社刊）

　そして後者では連続性のひらがなの書法漢字にも逆流し、「和様」とよばれる「S」字型の浮沈書法で横画を書いている。その「和様」は江戸時代の御家流を含めて、近代に入るまで、日本の書字法の基盤を形成してきた。

　その「和様」の原初的な書法が「眞言七祖像行状文」の「つ」字型の「門《もんがまえ》」などの表現に出現しているのである。

　空海がひらがなを発明したというのは、虚言である。しかし、そう言わせるような新書法への挑戦が、空海の書にはあった。奇怪な書「益田池碑銘」や「崔子玉座右銘」は、連続文字「ひらがな」と、「ひらがな」の書きぶりが、漢字のそれに流入した「和様」を準備した、つまりは、漢字語とひらがな語からなる二重二併性の言語「日本語」を準備した書である。東アジアのスタンダードを十分に咀嚼した「風信帖」だけではなくこれらのきてれつな書を残したこと——それはひらがなを産むための懐妊であった——によって空海は「書聖」なのである。そして、「風信帖」においてすら、その一部（「風」字の第一画の起筆部に鳥の頭（鵠頭）、「嶺」字の「令」部の最終画に垂路など）雑体書の書きぶりがしのびこんでいることも耳うちしておこう。

　空海はひらがなと和様、つまり三蹟の祖、したがって日本の書の源として「書聖」なのである。

# 「仏教と芸術のふれあい」
## ～清荒神清澄寺と『鉄斎美術館』～

〝最後の文人画家〟といわれ、多彩な画法で独自の境地を切り開いた富岡鉄斎。仏教に材を取った作品も数多い。境内に「鉄斎美術館」を擁し、三代にわたって鉄斎作品の収集、研究、紹介に力を注いできた清荒神清澄寺の坂本光謙法主に、コレクションを始めたいきさつや鉄斎作品の魅力、世界に向けた鉄斎芸術啓蒙の取り組みなどについて伺った。

### 鉄斎コレクションで宝塚を理想の聖域へ

――鉄斎作品の収集を始められたのは、先々代の坂本光浄《こうじょう》法主だそうですね。

**坂本**　清荒神清澄寺が宇多天皇の聖願によって創建されたのは寛平八年、八九六年のことです。もともとは七十二坊もの伽藍からなり、壮大な規模を誇っていましたが、源平合戦など度重なる兵火によって次々と焼失し、宝物なども失われていきました。

やがて明治という新しい時代を迎え、鉄道も開通しますが、文化といえばその後誕生した宝塚歌劇ぐらいでしたので、私の祖父に当たる第三十七世の光浄和上が、この宝塚の地に宗教と芸術文化の華を咲かせる理想の聖域を創り上げたいと念願し、それを実現するために始めたのが鉄斎作品の収集でした。

清澄寺境内に建つ鉄斎美術館

――なぜ鉄斎だったのでしょうか。そのきっかけとは？

**坂本**　先々代に鉄斎のコレクションを勧めたのは、清澄寺の信徒総代だった酒造家の辰馬悦叟《たつうまえっそう》という方です。辰馬さんご自身が鉄斎作品のコレクターで、鉄斎の支援者の一人でもありました。先々代は大正六年（一九一七）に辰馬さんから「淡彩山水図」を贈られたのですが、それが鉄斎の収集を始めるきっかけとなりました。

——その後、コレクションは順調に増えていったのですか？

**坂本**　光浄和上は鉄斎芸術のすばらしさに魅せられて、熱心に収集に取り組んだようです。大正十一年（一九二二）七月、当時の高野山管長・土宜法龍師が紹介の労を取ってくださり、念願だった鉄斎との対面を果たすのですが、収集を始めて数年しかたっていなかったにもかかわらず、すでにコレクションは二百点を超えていました。

　その熱心さを鉄斎は認め、光浄和上も鉄斎の人となりに感銘を受け、当時鉄斎八十七歳、光浄和上四十八歳と年齢は親子以上に離れていましたが、すぐに意気投合したようです。

——その結果、作品の収集だけでなく、新たに「聖者舟遊図」などの傑作を清澄寺のために描いてもらうことができたのですね。

**坂本**　鉄斎との交流を深めていき、「聖者舟遊図」をはじめ「古仏龕《こぶつがん》図」「弘法大師在唐遊歴図」「前赤壁賦書」など晩年の傑作十三点を新たに描いていただきました。

——「宗美一体」という言葉がありますが、光浄和上は鉄斎の作品に表現された宗教心に共感したということでしょうか？

**坂本**　先々代は、鉄斎作品に一貫して流れる深い宗教心、豊かな芸術的香気といったものに打たれていたのでしょう。鉄斎との面談

「淡彩山水図」明治11年（1878）
辰馬悦叟から光浄和上に贈られた作品。初期山水画中の傑作。

では、仏教や弘法大師様について語り合うこともあったようです。歓談の中で鉄斎が「弘法大師様とお話してみたかった」とつぶやいたこともあったとのことです。

――鉄斎が「最後の文人画家」といわれる所以とは？

**坂本**　鉄斎が敬愛した明代末の文人、董其昌《とうきしょう》が記した「万巻の書を読み、万里の路を行く」という言葉があります。鉄斎はこの言葉を生涯をかけて実践しました。膨大な和漢の書物から引いた詩句や名文を賛とし、自らの足で全国各地を訪ね歩いた経験を活かし、八十九歳で亡くなるまで万余の作品を遺しました。

――晩年の鉄斎は「仙境画」に独自の画境を開いたといわれますが、代表作にはどんなものがあるのでしょうか？

**坂本**　鉄斎の誕生日である大正十三年（一九二四）十二月

「弘法大師在唐遊歴図」
大正13年（1924）
空海が入唐中に名刹を遊歴する景を描く。鉄斎より光浄和上に贈られた。

「聖者舟遊図」
大正13年（1924）
釈迦、観音、孔子、老子、達磨が一船に同乗し、苦界にある衆生を救う。本作も光浄和上に贈られた。

十九日、光浄和上は鉄斎の長寿を祈祷し、供物とともに牡丹の花を使者に持たせて贈りました。これを喜んだ鉄斎が使者を待たせ、その場で仕上げ持ち帰らせたのが、最晩年の傑作「蓬莱山《ほうらいさん》図」です。

当山の山号である蓬莱山を題材に描かれていますが、鉄斎が残した仙境画のなかで三指に入る傑作だと思います。鉄斎がこの世を去ったのは、それからわずか十二日後の大晦日でした。

## 初の海外展開催へ 八十三歳で渡米

——光浄和上は世界四十都市で鉄斎展を開催されました。美術の世界でも特筆すべき事跡だと思われますが、そこまでなさった和上の思いとはどのようなものだったのでしょうか。

**坂本**　太平洋戦争が終結して間もない昭和二十一年（一九四六）、光浄和上は真言三宝宗を創立しましたが、それを機に、宗教と美術を一つに結ぶ鉄斎の平和精神、鉄斎作品が教える倫理観とその魅力を世界に広めることを発願したのです。

そこで、アメリカでの展覧会を皮切りに、世界で鉄斎展を開催することとなりました。きっかけはカリフォルニア大学バークレーのケーヒル教授との出会いです。ケーヒルさんの専門は中国絵画ですが、鉄斎に惹かれ若いころから清荒神にたびたび来られていました。あるときケーヒル教授

「蓬莱山図」大正13年（1924）
12月19日の鉄斎の誕生日に光浄和上からの祝いの品が届けられた際に、返礼として描かれた。

「富士山図（右隻）」明治31年（1898）　六曲一双の大作。左隻には俯瞰的な角度から見た山頂の近景が荒々しく描かれている。

から「ぜひアメリカへ鉄斎を持っていきましょう」と持ちかけられ、そこから海外での展覧会がスタートすることになりました。昭和三十二年（一九五七）のことです。

――光浄和上はすでに相当なご高齢だったのでは？

**坂本**　当時、八十三歳でした。海外渡航の経験もありません。にもかかわらず、たった一人でアメリカに赴いたのです。もちろん周囲は心配しましたが、和上は「同行二人。弘法大師様がついていてくださるから大丈夫」と説き伏せ、アメリカの次はカナダ、そしてソ連と、その後も世界中を飛び回りました。

また、展覧会だけでなく、フランスのギメ美術館をはじめ、アメリカのボストン美術館、東京国立博物館、東京国立近代美術館など国内外の美術館に鉄斎作品の寄贈も行い、鉄斎芸術の振興にも力を尽くしました。

――光浄和上の志を引き継がれたのが、先代の第三十八世光《こう》聡《そう》和上ですね。

**坂本**　光聡和上も若いころから鉄斎作品の収集に携わっておりましたが、それは何より鉄斎の作品が好きだったからです。作品のことはすべて頭に入っていたようです。

昭和四十一年（一九六六）光聡和上は先々代の光浄和上とともに鉄斎研究会を立ち上げ、鉄斎芸術への傾倒をさらに強めていきますが、その活動を発展的に引き継ぐ形で昭和五十年（一九七五）に設立したのが鉄斎美術館です。

鉄斎美術館では、鉄斎作品ならびに資料の研究・整理保存に取り組み、年三回の企画展を開催し鉄斎芸術の真髄を広く紹介しています。

――「書」と「画」を調和・一体化させる「書画一如」が鉄斎芸術の特徴の一つですが、光聡和上は特に、絵に添えて書かれる「賛文」の解読に熱心に取り組まれたそうですね。

**坂本**　難解な賛文を解読し研究しなくては鉄斎芸術の本質を伝えることができないのではないかとの思いから、鉄斎研究会で賛文の研究に打ち込むようになったのです。

研究会には、和漢の書に通じた学者や鉄斎とゆかりのある人物として、当時大阪市立美術館館長だった今村龍一さん、美術史家の小高根太郎さん、鉄斎の孫である富岡益太郎さんらにご参加いただき、研究の成果は『鉄斎研究』に発表していきました。『鉄斎研究』は現在も刊行を続けています。

## 多くの文化人に愛された鉄斎芸術

――こちらへは多くの文人、著名人がお見えになっていますね。小林秀雄が「富士山図」屏風が気に入り、四日間屏風の前に座りつづけたというエピソードもあるようですが。

**坂本**　かつて『鉄斎大成』という四巻の豪華本を出版した際に、こちらで定期的に編集会議を行っておりまして、中川一政さん、武者小路実篤さん、井上靖さんなど、多くの方々がお越しになるようになりました。

小林秀雄さんのエピソードですが、当時をよく知る鉄斎美術館の森藤光宣館長によれば、絵の前で一杯お飲みになっているうちに動かなくなってしまったとのことです。破天荒なお方で、先代も小林先生の接待は大変だったと申しておりました。

対照的だったのが井上靖さん。おとなしい方でお酒も嗜まれなかった。井上先生は「仙境画」がお好きで、特にお気に入りだったのは「心遊仙境図」です。

また、梅原龍三郎さんは、鉄斎七十歳代の水墨画の代表作「竹窓聴雨図《ちくそうちょうう》」に惚れ込み、強く所望されたので贈ったところ、返礼として自筆の大作「紫禁城」を届けてこられました。

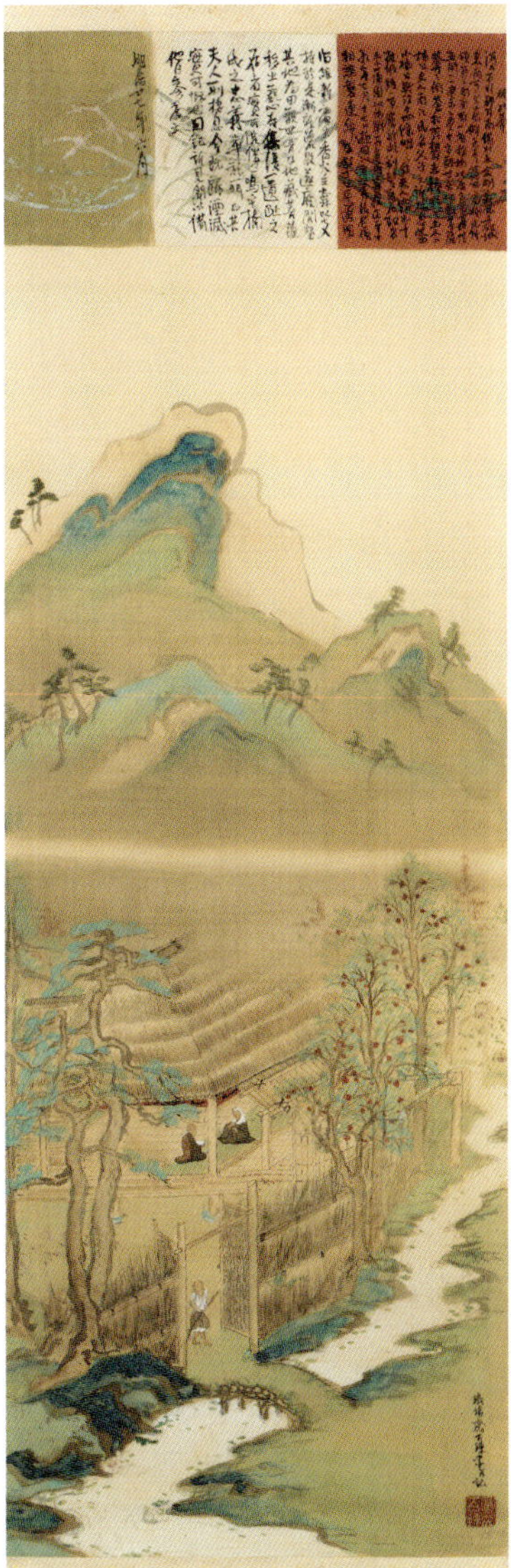

「楠妣庵図」明治27年（1894）
大和絵風の温雅な上品さが漂う作品。

ただ、梅原先生が亡くなられた後、仲介した画商の方から申し出があり、いただいた「紫禁城」と交換する形で戻していただきました。
　最近の方では、赤瀬川原平さんお見えになりましたね。鉄斎に関する取材ということで、二回ほど。富士山図がお好きということでした。

——さまざまなテーマで美術展を開催するなど、鉄斎芸術の啓蒙・振興に尽力されておられますが、新たに取り組んでいることなどがあれば教えてください。

**坂本**　鉄斎美術館は今年で開館四十周年を迎えました。開館以来、宝塚市立中央図書館内に「聖光文庫」を設け、入館料の全額を美術図書購入基金として宝塚市に寄附しています。また、最近では年に一度、聖光文庫との共催で企画展と文化講座を宝塚市立中央図書館で開催しており、今年で第四回を数えます。鉄斎美術館での活動とあわせ、地域文化の向上・発展に貢献できればと考えています。
　平成二十八年（二〇一六）は富岡鉄斎生誕一八〇年という記念すべき年ですが、この節目に、兵庫県立美術館で同館との共催による「鉄斎—近代への架け橋—」展を開催することとなりました。清荒神コレクションだけでなく、全国各地の名品が一堂に会する大展覧会です。青年期から最晩年までの作品が揃いますので、さまざまな世代の方々に鉄斎作品の魅力を知っていただける機会となればと願っています。

——最後に、坂本和上のお気に入りの作品を教えていただけますか。

**坂本**　個人的に気に入っている作品はたくさんあります。鉄斎らしさがストレートに出ている、わかりやすい作品が好きですね。たとえば、この部屋にある「聚沙《しゅうさ》為塔《いとう》図」。鉄斎八十二歳の作品で、「子どもたちが砂で塔を作る営みも仏道を成就するもの」という意味が込められています。「群僊集《ぐんせいしゅう》

「群僊集会図」大正5年（1916）
絹本極彩色の大幅。細部に至るまで緊張感に満ちた仙境画の傑作。

会図《かい》」なども気に入っています。

とかく鉄斎というと一般の方には難しい、敷居が高いと思われがちなので、できるだけ親しみやすく、わかりやすく紹介するということを心がけています。ただ、ハードルを下げすぎて鉄斎の意図するところを歪めたりしないよう注意することも必要です。そのあたりのバランスをとりながら、これからも鉄斎芸術のすばらしさを多くの方々に伝えていければと思っています。

※額中の絵は鉄斎の「聚沙為塔図」大正6年（1917）

**坂本光謙**（さかもと こうけん）

清荒神清澄寺法主。昭和32年（1957）9月24日生まれ。昭和41年（1966）7月、真言三宝宗管長・大本山清澄寺法主、坂本光浄大和上に従い得度。甲南大学文学部卒業後、昭和55年（1980）12月、真言宗醍醐派総本山醍醐寺道場にて岡田宥秀大阿闍梨に従い伝法灌頂了。真言三宝宗大本山清澄寺副住職、全真言宗青年連盟副理事長などを務め、平成7年（1995）11月、真言三宝宗第三代管長・大本山清澄寺第三十九世法主に就任。

## ◆富岡鉄斎 略年譜

| | | |
|---|---|---|
| 天保7（1836） | 1歳 | 12月19日京都に生まれる。通称は猷輔。のち百錬を名とする。字は無倦、号は鉄崖、鉄史、鉄斎など。 |
| 安政1（1854） | 19歳 | このころより画を学び始める。 |
| 安政2（1855） | 20歳 | 大田垣蓮月と同居、作陶の手助けをする。 |
| 文久1（1861） | 26歳 | 長崎に遊学し、数カ月滞在。 |
| 明治5（1872） | 37歳 | 佐々木ハル（通称春子）と結婚。 |
| 明治6（1873） | 38歳 | 2月長男謙蔵誕生。 |
| 明治9（1876） | 41歳 | 5月奈良石上神社少宮司。12月大阪大鳥神社大宮司。 |
| 明治10（1877） | 42歳 | 2月堺行在所で天皇に拝謁。7月正七位。 |
| 明治15（1882） | 47歳 | 京都室町通一条薬屋町に転居。没年まで在住。 |
| 明治27（1894） | 59歳 | 京都市美術学校教師（修身・考証学）。 |
| 明治43（1910） | 75歳 | 10月息謙蔵（京都帝国大学文科大学講師）が北京へ出張。その後も中国へ赴くたびに鉄斎のために貴重な書籍、文房具などを数多く持ち帰る。 |
| 大正7（1918） | 83歳 | 5月帝室技芸員拝命祝賀会。12月息謙蔵逝去（46歳）。 |
| 大正8（1919） | 84歳 | 9月帝国美術院会員。 |
| 大正11（1922） | 87歳 | 7月正五位。同月書庫「魁星閣」、10月画室「無量寿仏堂」落成。11月画集『百東坡』出版。 |
| 大正13（1924） | 89歳 | 1月画集『米寿墨戯』出版。12月31日逝去。翌年、従四位。法名、無量寿院鉄斎居士。 |

# 【弘法大師に学ぶ心の健康】

## 「うつ」をのり越えた空海に学ぶ

保坂　隆
聖路加国際病院
精神腫瘍科部長

### 現代人とうつ病

わが国の自殺による死亡者数は、平成10年に3万人を超え、以後長い間その水準で推移しており、最近になってようやく減少傾向になってきた。以前の、筆者を主任研究者とする厚生労働省科学研究班「自殺企図の実態と予防介入に関する研究」によれば，自殺未遂も既遂も、事前に周囲（家族・友人・医師ら）に相談することが極端に少ないことがわかった。第2に、既遂のほとんど（約90％）は1回目の企図であったこともわかった。第3に、在宅介護者の4人に1人はうつ病であり、65歳以上の老老介護では，介護者の3人に1人が希死念慮、すなわち死にたいとの願望を有していることも明らかにした。

65歳を超える介護者は，介護に疲れて「介護うつ」を発症して、「もう死んでしまいたい」と思うのである。しかし，目の前の被介護者（多くの場合は配偶者）を見ると、「私が自殺してしまったら，この人は誰が見てくれるんだろう」と一人で思い悩み、それならいっそのこと，「この人を先に殺めてしまい、後追い自殺をしよう」と思うのである。それが完遂されると「無理心中」といい、被介護者を殺めてしまい、その後、後追い自殺ができなかった場合には「殺人事件」ということになる。新聞などで「老老介護の末に……」という不幸な記事を見ることがあるが、その裏にはこのような心理的な背景があることを読み取らなければいけない。

この「介護うつ」は、終わりのない精神的・身体的負荷が持続した結果の「消耗性うつ」の形態をとっている。この状態になったら、薬物療法と休養が必要であり、必ず治る病気であるが、それ以前に本人あるいは周囲の者が気づいて、医療機関を受診しなければいけない。

ＷＨＯによると、単極性うつ病は２００４年の疾病負荷（GBD: Global Burden of Diseases）で第3位にあり、２０３０年には第1位の疾患になると予測されている。現代のわが国のみならず、世界的な問題といえる「うつ」は、最近注目され始めた病でなく、実はドイツの文豪ゲーテやイギリスの首相だったウィンストン・チャーチルのように「うつ」に悩みながらも、素晴らしい生涯を全うされた人たちも多い。日本の真言宗を開いた空海もその一人として考えることができる。

### 空海の生涯における謎

大同元年（８０６年）に中国から帰国してから約15年の間、休む間もなく独創的書物を記し、幾つもの寺院を造るなど働き続けた空海は、弘仁13年（８２２年）2月11日の太政官符で東大寺に創設された灌頂道場において、修法が命ぜられ、同年には平城天皇への灌頂も行った。さらに、弘仁14年正月には空海に東寺が下賜され、天長元年（824年）51歳で小僧都に任命され、僧綱の一員となった。僧綱とは、日本のお坊さんたちすべてを監督する高位の僧侶である。

順風満帆に始まった50代と思われたが、天長2年2月に高弟（甥でもあった）智泉が37歳の若さで亡くなった。空海は悲しみを乗り越え、東寺の講堂を建立し、祈雨の修法を行い、天長4年5月には大僧都に任命された。そして、天長5年には日本の最古の大学である綜藝種智院を創設した。さらに、天長7年には、淳和天皇の勅に答え『秘密曼荼羅十住心論』10巻を著し、後に本書を要約した『秘蔵宝鑰』3巻も著した。

このように空海は50代になっても、それまで同様に、非常に精力的な活動を続けていた。しかし、その後の空海には、これまで指摘されてこなかったが、「精神医学的な謎」があると思う。

## 職を解いてほしいという奏状

空海が淳和天皇に上奏した奏状がある。天長8年6月14日付けの『疾《やまい》に罹《かか》って上表して職を辞する奏状』である。空海は「5月30日に悪瘡が体に出て二週間経っても良くならない。そのため、何とぞ大僧都の職をお解きいただきたい。さらなるお願いは、密教をお捨てにならないようお願い申し上げます」という意味の奏状を突然に出したのである。空海58歳の時である。

悪瘡とは、現代医学では、局所性ブドウ球菌性皮膚感染症のひとつ、癰《よう》であるらしい。しかも、天皇の前に出ることが憚られるという意味のことを伝えているので、悪瘡は顔か頸部のように、外から見えるところにあったのだろう。

真言密教の研究家、守山聖真氏によれば、悪瘡つまり癰《よう》は、小さな膿疱性結節、すなわち「できもの」が密生して蜂の巣状をなし、局所の腫脹《はれ》、発赤、疼痛が出て、全身の状態も甚しく侵され、悪寒、戦慄、熱発などが現われて生命の危険を来すことがあるという。もちろん当時は、外科的手術や抗生物質がなかった時代であるが、守山氏は当時でも不完全な貼付薬程度で、2〜3週間の期間を要するものの、癰が治癒すればそれ自体で命を落とすことはないとしている。しかし、合併症としての腎臓炎等もあるという。さらに、御遺告（空海自身が話したとされる自伝）からは、天長9年11月頃より穀類を嫌い始めたこと、また、空海僧都伝（空海の弟子が書いた空海伝）には飲み物を拒絶していたことが記されていることから、空海は合併症としての腎臓炎を併発していたのではないかと推測している。

## なぜ辞表を？

さて、この「大僧都の職をお解きいただきたい」という言葉について、たとえば、曼荼羅の研究などで知られる石田尚豊氏は、「奏状における死の決意は、入定より3年9ヶ月前であった。悪瘡ができるやわずか半月にして死期を知り、即刻辞表を提出し、おのが身の振り方を決定してしまうという、実に見事な果断さである。（中略）空海の行動の真骨頂が、如実に具現されている」と指摘する。しかし、本当にそうだろうか。

空海は、天長4年5月には大僧都に任命された。僧籍の最高位に近い僧位であるが、それからわずか4年後に辞表を提出するのである。それも、顔か頸部にできた感染症のためにである。会社の重役が就任して4年後に、顔に「おでき」のような皮膚症状が現れたので、辞職したいと言っているようなものである。しかも、この辞表の中に「両楹夢に在り、三泉忽《たちまち》に至る」、「心神恍忽として思慮の陳ぜぬ云々」という、死を予感させる言葉があるのだ。中国では昔、棺を2本の柱の間（両楹）に安置していたようで、死期が近づいたので、「三泉」つまり、あの世がすぐ先にやってきていると述べ、心神恍忽（病気のため心が明らかでない状態）として思慮の陳ぜぬ（十分に思いのたけを述べることができません）云々」と言っているのである。この皮膚症状が、致死性の重篤な疾患でもないのに……。

これらをすべて合理的に説明できるのは、「うつ」であったという仮説である。空海の場合には、過重労働の末のうつ状態、現代で言う「過労うつ」に罹患していたという説である。うつ病は、悲観的になって、時には「死んでしまいたい」という希死念慮が現れる病気である。単に過労で疲弊した時には、「休みたい、眠りたい」と言うことはあっても、「死んでしまいそうだ」とは思わないものである。

さらに、悪瘡のような感染症は、免疫機能の低下と関係するものであるが、空海の場合では、うつ状態によって免疫機能が低下したために、感染症としての悪瘡が出た、と考えるべきなのである。これらは、精神が中枢神経を介して免疫系に影響を与えているという新しい研究分野である「精神神経免疫学」が、既に正しく指摘している現象であるからだ。

まとめると、空海は50歳代の過重労働が原因で、「過労うつ」に罹り、そのため免疫機能が低下して悪瘡が体に出る一方で、希死念慮も生じたと考えると、医学的には十分に説明が可能なのである。

## 「うつ」を乗り越えた空海に学ぶ

過重労働に苦しむサラリーマンの「うつ」や「介護うつ」は、終わりのない精神的・身体的負荷が持続した結果の「消耗性うつ」の形態をとっていると先にも述べた。空海の「うつ」は、「介護うつ」とは背景は異なるが、過活動の末の「消耗性うつ」の形態をとっている点は共通している。

このように、空海のような超人的な人間でさえ「うつ」状態に陥るのだから、一般人、特に現代人がうつ病に罹るのは特別なことではないと思うべきである。従来の研究によれば、日本の人口の3～6％はうつ病に罹患しているとも言われている。

しかし、空海自身は単なる肉体存在を超越して、「我は大日如来である」という意識から、うつ状態を乗り越えて、晩年も立派な功績を残している。空海は死期を悟った後、真言宗の後進の僧侶に対する御遺告を残したり、高野山や東寺の後任を選定したりするなど着々と万が一の事態に備えるばかりか、万灯会など新たな行事を企画するなどとても前向きなのである。肉体の限界を悟ったからこそ、自らの肉体的生命に執着せず過去を反芻しないばかりか、永遠なる生命に飛翔する経路を見出した、とでもいえまいか。これは自らの癌の告知を受けて七転八倒している多くの現代人とは逆である。

近年のキーワードでいえば、レジリエンスが極めて高いといえる。現代の我々が学ぶべきは、この点にあるのだろう。つまり、現代人は肉体の生命に固執するあまり、より大切なものを見失っている。身体の終わりが恐怖であり、大きな苦痛でしかないのである。

肉体的生命を越えた大日如来の境涯を、空海は自らの生命を賭して今も我々に伝えてくれているように思われる。

現代人は誰でも「うつ病」になるが、「うつ病」に罹ったとしても、適切な治療で治るし、社会復帰もできるのである。その場合、「自分の家はうつ病の家系ではない」という「うつ病への偏見」だけが受診の機会を失わせてしまうことが多い。うつ病は遺伝する病気ではないということを忘れてはいけない。

## 教育者・弘法大師の願い

佐藤隆一
高野山大学非常勤講師
川崎大師教学研究所教授

世界では国境問題や宗教・民族間の緊張・対立が高まりつつあることが憂慮されています。これからの国際情勢やわが国のあり方が変化せざるを得ない、世界的な節目に我々が直面していることは間違いありません。

科学や技術が発展しても、大人は疲れた表情をし、子供たちの無邪気な声も聞こえません。連日のように子どもたちの執拗ないじめ、大人たちの利己的な事件など、当事者が常識的な行動をしていれば問題にはならないようなことが、大きな問題に発展していることが報道されています。

弘法大師が活躍された時代も日本という国が形成されつつある大きな節目でした。２６０年の間に合計約25回に及ぶ遣隋使と遣唐使を送って、中国の進んだ社会制度や宗教文化、そして技術を学びました。東大寺や国分寺を建設し、華厳経をバックボーンとして国家意識を高揚させようとしました。しかし、平安京には貧しい子どもたちが徘徊していたようです。

当時の知識人たちが危機意識をもったからこそ、必死に大陸の社会制度・宗教文化・技術を学び取ったのだと思います。

そのような状況にあって、大師は現代に通じる貴重な提言をされています。

大師は幼い頃から母方の伯父である阿刀大足について漢籍の勉強をしていました。特に素読を通して、かなりの典籍を暗記していたものと思われます。後に阿刀伯父との学習がいかに実り多いものであったかを次のように振り返っています。

「貧道《ひんどう》（謙っての自称）幼にして表舅《ひょうきゅう》（阿刀大足）に就きて、頗《すこぶ》る藻麗《そうれい》（文章）を学び、長じて西秦（唐）に入りて、粗《ほぼ》余論を聴く」

『文鏡秘府論《ぶんきょうひふろん》』序

幼い頃、伯父である阿刀大足から文章を学びました。大人になって唐に入って、その余りを聴いたというのですから驚きです。大師にとって唐での漢籍の学習は復習のようなものだったのかもしれません。このことは、幼児から小学校までの教育がいかに大切かを考えさせられます。母のおそらく兄であったと思われる伯父は、伊予親王（桓武天皇皇子）の侍講（家庭教師）を務めるほどのトップクラスの学者です。当代一の学者でも、妹の子である真魚《まお》には優しく指導したはずです。

初めて出会った師が当代一の学者であり、母の兄であるということは奇跡というしかありません。身近な尊敬できる大人が真の教育を授けられるのかもしれません。

おそらく、この伯父から学ぶ楽しさを知ったのでしょう。真魚《まお》は嬉々として貪るように漢籍を学んだことと思われます。そして学んだ知識をどのように生かすかということを、教えられたはずです。

「古人は道を学んで利を謀《はか》らず　今の人は書を読むもただ名と財となり
　輪王の妙薬は鄙《いや》しうすれば毒となる　法帝の醍醐《だいご》も謗《ぼう》すれば災をなす」

『性霊集巻第一』

昔の人は道を学んで利益を考えなかった。今の人は書物を読むのもひたすら名誉と財のためである。理想的な王である、転輪王の妙薬も粗末に扱えば毒となるし、素晴らしい教えも非難していれば災いとなってしまう。志を高く掲げて、自己の利益を最優先することなく、世のためになることをしようという考えを身につけていたのでしょう。

だからこそ、大師にとって二人目の得がたい師との出会いとなった唐の恵果阿闍梨が大師に法を授けた直後、遺言のようにして伝えたという次の言葉を素直に受け止めて帰国されたのです。

「早く日本に帰って、蒼生《そうせい》の福《さいわい》を増せ」という言葉です。まさに帰国されてからの大活躍は、「蒼生の福を増す」（民衆を幸福にする）ことに全力を尽くされました。

さらに大師の教育に対する考え方の特徴が良くあらわれているのは、『綜藝種智院式』（『性霊集補闕鈔巻第十』）です。

「もし、仏者にして世間一般の典籍を学びたい者があれば、どうか立派な先生方には適宜、教授してあげてください。またもし、若い学童にして文章を学ぼうと志す者があれば、教師たる者は慈悲の心をもち、忠孝に思いをいたして、学童の貴賤を問わず、貧富をみず、よろしきにしたがって導き、うまずたゆまず人々を教えなければなりません。」（宮坂宥勝著『空海』ちくま学芸文庫）

大師自らが自らの素晴らしい師との出会いがいかに貴重であったかを良くご存じだったと思います。決してご自分の努力や才能だけで到達しえなかったところに至ったことを十分すぎるほどにお分かりだったのです。それだからこそ、意欲がある若者たちに教育の機会を均等に与えようとされたのです。長安で見聞された多くの学校が貧富に関わらず教育を行っているのに対して、平安京では学びたい子どもがどこを訪ねればよいのかさえわからないと、現状を嘆いておられます。そして教育には時間と忍耐が必要だとされます。

　貴族の子弟ばかりでなく、生まれや経済状況に関わりなく、意欲さえあれば誰でも教育を受けられる社会を目指されたのです。これは、当時としては革命的な発想ですし、現代にでも十分に通用する教育観が表現されています。

「知恵を得るためには最高のモラルのあるところにあり、覚りを完成するためには、五明の教えによらなければなりません。真理を求めるにはできるだけ多くの教師につくことが必要ですし、道を学ぶためには、まさしく経済的な裏づけが大切であります。四つの者、備わって然して後に効あり。」（宮坂宥勝著『空海』ちくま学芸文庫）

　理想に燃えた教育理念の背景に、「道を学ぶためには教育環境、全ての学問、教師、そして経済的な裏づけが必要」という配慮が周到に用意されていることが、世間の様子も熟知されている大師のリアリストの一面です。

　何ゆえに大師は多くの人々に教育が必要だと考えられたのでしょうか。

　弘仁六年、大師が四十二歳の時に密教経典の写経を有縁の人に依頼する文章に次のようにあります。

「もし自心を知るはすなわち仏心を知るなり。仏心を知るはすなわち衆生の心を知るなり。三心平等なりと知るをすなわち大覚となづく」（『性霊集補闕鈔巻第九』）という恵果阿闍梨のお考えが大師の胸中に根付いているのです。

　他の著作にも一貫していますが、「自心を知ることは、自らの心中の仏を知ることです。仏の心がわかると、他人の心もわかりますよ。自心・仏心・衆生心が平等であることに気づいている人が覚った人ですよ」ということです。

　大師は万巻の書の知識を知恵とされ、感性を常に瑞々しく保つことがおできになり、目に映る現実に理想を見ることができたのです。

「春の花　秋の菊　咲《わら》って我に向へり」というような、生きる喜びに満ちた境地に達せられたのだと思います。

　瑞々しい感性と誇りを持って生きる人々が満ちている社会を弘法大師は目指されたからこそ、日本で最も古いといわれる私立の大学、綜藝種智院を発願されたのです。

　志を高く持ち、具体的な目標に向かって努力すれば、道は開かれるということを大師はご生涯を通じて示されました。自分を信じ、人を信じて、理想を目指して、私心なく行動されたのです。

　多くの人々が「蒼生の福を増す」人生を歩んでくれることを、大師は今も願われています。そのような人の隣には必ず、大師が付き添ってくれています。

　教育にたいして弘法大師が持っていた深い考えは、時空を越えていまの私たちの社会が抱えている問題の核心に迫ってくるような気がするのです。

# 浮世絵に見る川崎の街とお大師さま

小池満紀子
川崎・砂子の里資料館理事

## 不朽の名作広重《東海道五拾三次之内》——もうひとつの旅

歌川広重《東海道五拾三次之内 川崎》は、品川宿から六郷川（多摩川）を舟で渡り川崎宿に向かう光景を描いた作品です。渡舟に乗り合わせた旅人たちは、一服つけたり、おしゃべりに夢中になったり、荷をおろして休憩したり、富士を仰ぎ見たり…。東海道を往来する旅人ばかりでなく、川崎大師平間寺へ参詣に向かう人々もこの六郷の渡しを利用しました。旅の目的はそれぞれですが、一艘の舟に乗り合わせた旅人を、舟頭が力をこめて竿をさし、対岸へと渡します。

この《東海道五拾三次之内》は、東海道の五十三の宿場を題材にした作品で、起点である江戸日本橋と終点の京三条大橋を加えた五十五図からなる揃物（シリーズ）です。春夏秋冬四季折々、雨・雪・霧といった天候、時刻など変化に富んだ自然の美しさと、自然とともに生きる人々の姿を感慨深く描いています。また、鑑賞者があたかも旅をしているかのような臨場感を表現し、旅のノウハウを伝えるガイドブックとしての情報をたくさん含んでいました。

この作品は、天保四年（１８３３）頃に出版され、販売当初から評判となり大ベストセラーとなりました。後摺や変わり摺の作品が多いことや、《東海道五拾三次之内》を翻案として、別の絵師が描いた東海道の作品も数多く残っていることからも、その人気のほどがうかがえます。

これほどまでに人々をひきつける魅力とはいったい何で

歌川広重《東海道五拾三次之内　川崎》

しょうか。庶民の嗜好に合致した作風というだけでは、一時的な流行に終わってしまいますが、作品に接するたびに、自然と人、人と人とのかかわりの強さに気づかされ、見飽きることがありません。川崎大師第四十四世高橋隆天大僧正のご著書『遍照』に、このようなことが記されておりました。「五十三次」とは、仏教の世界において悟りを求めて修行される人が、どうしても通らなければならない関門であり、東海道の日本橋と京の間に、五十三の宿場を設けたというのも、悟りを求める旅にちなんでのことではないかと。

　広重がこの仏教的な意味を意識していたかどうかは分かりませんが、このシリーズ中には、深々と雪が降り積もる街道を行き交う人、突然の夕立に駆けだす人、茶屋で休憩するのどかな光景や、激しい客引きに首根っこを引っ張られる様子など、さまざまなシーンが描かれます。また、東海道を往来する参勤交代の一行ばかりではなく商人や飛脚、宿場で働く女性や問屋場の人々、駕籠かきや川越しの人足、農夫や杣《そま》人《びと》、座頭や瞽女《ごぜ》、巡礼者や江戸近郊では大山詣や江の島詣の講中や参詣者など、さまざまな境遇に置かれた人々が登場します。ただ単に、江戸から京への旅というのではない、何かがあるように思えてきてなりません。人生におけるさまざまな困難や人との出会いというものを、この五十三次の一つひとつの場面から、知らず知らずのうちに感じ、気づかされているのかも知れません。

## 浮世絵とは——人をテーマに描いた絵

浮世絵は、広い意味では時代の風俗を描く絵と言えます。このため、広重の作品に見られるように、名所風景を描いていても、浮世絵は一貫して人物を中心に、自然と人間の営みとが響きあう世界を描きました。葛飾北斎の《冨嶽三十六景 凱風快晴》のような、人物が全く描かれない作品は浮世絵においては、じつは稀な作例と言えます。

ところで「浮世絵」の「うきよ」とはどのような意味なのでしょうか。それはもともとは中世の宗教観から生まれた〝憂世〟の思想にさかのぼります。憂世とは、この現実世界を、仏の極楽世界に比べて、つらく苦しい世の中であると感じることにありました。室町時代の応仁の乱以降、百年余り続いた戦乱の世は、まさに生き地獄であったのでしょう。やがて徳川家康が戦乱をおさめ、太平の世を迎えます。そこでようやく自らが生活する「憂世」は、心のはずむ浮き浮きとした「浮世」へと変化していきます。浮世という言葉が、憂世という厭世的な感覚を強く持った意味と、我々が今生きている現実の世界を示す二つの意味を持つようになるのです。そして、その世の中が平和であればこそ現世を謳歌したいと願う人々の感情の高まりが、「浮世」つまり今時の世を描いた絵を生み出すこととなりました。浮世絵はつねに現代風(今様)に描くもので、庶民を楽しませた歌舞伎や遊廓を主題として、役者絵や美人絵を主な画題として発展します。ゆえに、風景を主題とした名所絵においても、そこに生きる人々が描かれたのです。

## 錦絵の誕生——庶民とともに

鈴木春信《僧正遍昭》明和期頃

天つ風雲のかよひぢ吹とぢよ
　　乙女のすかたしばしとどめん

鈴木春信は、この僧正遍昭の歌を記して、遊女の姿におもわず手を合わせる巡礼者を描きました。傍らには「同行二人」と記された笠と杖が見えます。弘法大師とともに巡礼の旅へと向かわせた彼らにどんな試練があったのでしょう。旅の途中、吉原の遊女の姿を見て、そこに仏の姿を重ね合わせたのではないでしょうか。そして、しばし現実を忘れ、その姿を少しの間でいいから、見ていたいと願いました。この巡礼者が父と子であるなら、美しい遊女に母親の俤を重ねたのでしょうか。あるいは母親その人であったのかも知れません。遊女の姿に接した二人の心の動きが、表情から伝わってくるようです。現世を懸命に生き抜こうとする人を描き、「憂世」と「浮世」の交錯するような世界感が、この作品には描かれており、見る者の心のありようによってさまざまに問いかけてくるのです。

鈴木春信《僧正遍昭》

　この作品は、浮世絵の主題としても重要ですが、その技法においても、また多色摺木版画が完成した早い時期の作品としても注目されます。日本における木版の歴史はとても古く、八世紀の《百万塔陀羅尼経》を嚆矢《こうし》として、十二世紀の木版画に手彩色をほどこした《扇面法華経》、続いて十五世紀の《融通念仏縁起絵巻》などの作品があり、十七世紀からはじまる菱川師宣の浮世絵版画へとつながります。黒一色の墨摺版画（墨摺絵）からはじまった浮世絵版画は、約一世紀を経て、明和期（１７６４〜７１）に錦絵とよぶ多色摺木版画を完成するまでに、その技術を発展させてきました。当時、フルカラーの印刷技術というのは、世界でも類をみないもので、十八世紀の日本において版画を芸術にまで高めたと言えるでしょう。浮世絵でも特に錦絵は、これらを享受する庶民の生活感に結びついて共感されるものであり、彫師や摺

初代歌川豊国《六郷渡舟図》

三代目歌川豊国《大師河原詣》

師が培った技術と、板元の商業利潤追求による企画力によって絵師を育て、優れた作品を残すことになります。

## 大師詣と浮世絵――美人と役者に導かれて

**初代歌川豊国《六郷渡舟図》　文化九～十一年**

六郷の渡しを、渡舟が今まさにすれ違おうとしています。振袖姿の娘と揃いの着物姿の女性たちが何やら声をかけたのでしょうか、流水に紅葉紋様の着物を着た娘と塵除の浴衣を片肌脱いで手拭を姉さん被りにした女性が振り返ります。駕籠のまま渡舟に乗った娘は豪華な簪《かんざし》を飾っていますから、良家のお嬢様なのでしょう。その傍らで杜若《かきつばた》が描かれた振袖姿の娘が遠くを仰ぎ見ています。おそらく六郷川からは、美しい富士が姿を見せているのでしょう。作品には描かれていませんが、今も昔も変わらずに望むことができる富士を想像してしまいます。美人絵は、ファッション誌のようなもので、着物の紋様や帯の柄、髪型に櫛や簪、手拭の使い方など、江戸っ子の興味の尽きないところでした。ましてやこの女性たちが六郷川を渡り、どこに物見遊山に出かけたのか想像力を膨らませたことでしょう。六郷川を渡っての、当時の人気スポットは江の島や鎌倉、川崎大師あたりでした。

さて、この作品が制作された頃の文化十年（１８１３）は、十一代将軍家斉の四十一歳の前厄祈願のための川崎大師参詣がありました。ところが参詣の日の九月二十八日、三十四世隆圓上人が急病にて遷化されます。大師では上人の喪を秘して、将軍家斉を奉迎したのでした。後に、江戸では将軍の厄を上人が身代わりとなって除けたのだとの評判がたち、これまでにもまして厄除けのご利益があると信じられました。これにより、大師参詣の人気が高まり、翌文化十一年（１８１４）の、厄除弘法大師御開帳奉修には、多くの参詣者を集めたのでした。まさにこの作品は、川崎大師への参詣ブームを巻き起こした時期に制作されており、川崎大師にお参りをしたいという人々の気持ちを高揚させたことでしょう。

**三代目歌川豊国《大師河原詣》　嘉永六年七月**

この作品は、人気の役者たちが揃って、川崎大師に参詣におもむくという、歌舞伎ファン必見の役者絵です。早朝に江戸を出発した八代目市川団十郎の一行が、品川で日の出を迎えます。明け烏の鳴き声が白みはじめた空に響くとともに、勢揃いした役者たちが朝日に照らしだされて、その素顔をあらわにしています。

右の床几に腰を掛けているのが三代目嵐璃寛、その傍らに

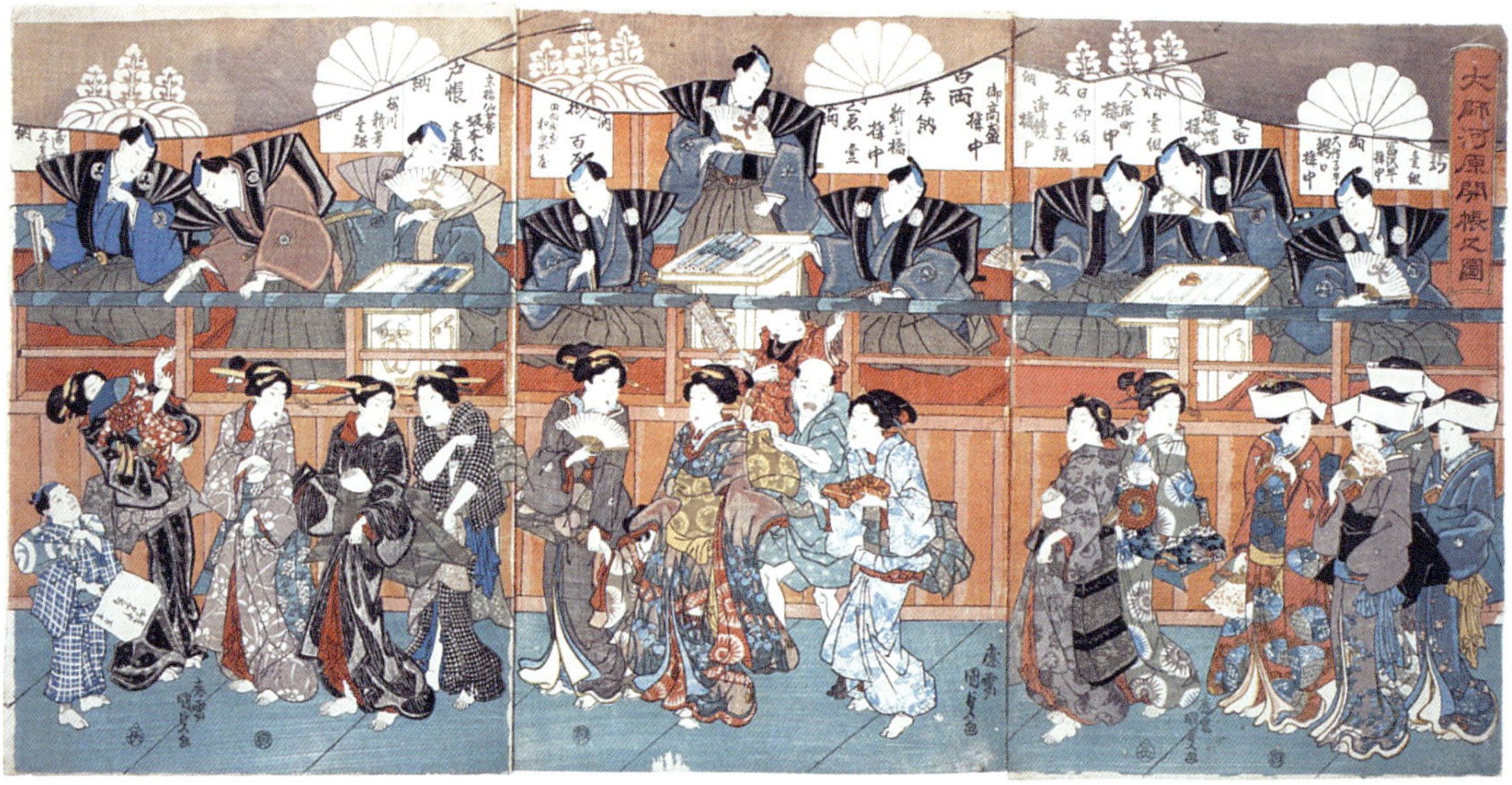


疊講中
（すしや与兵衛）

四日市（桜川新考）

日本橋　魚座（京橋仙女香　坂本氏）

志ん場（回向院前　和泉屋）

［異版］

※（　）内は、上図の記載。

子どもを担ぐ人物が上図と異なっている

上図、下図とも歌川国貞（三代目歌川豊国）《大師河原開帳之図》

は初代坂東竹三郎（後に五代目坂東彦三郎）、光琳菊の模様の着物を着ているのは四代目尾上梅幸（後に四代目尾上菊五郎）。中央で煙管を持ち、道中着の下から三升格子の着物を覗かせているのが八代目市川団十郎、寄り添うように初代坂東しうか、祇園守と裏梅の模様の着物は初代中村福助（後に四代目中村芝翫）、福助と何やら話をしているのが初代中村歌六、その後ろは三代目岩井粂三郎（後に八代目岩井半四郎）で道中着の下からは杜若の紋様の着物が見えます。そして釻《かん》菊《ぎく》模様の着物は、三代目助高屋高助です。

品川で日の出を迎えた一行は、昼には川崎大師に到着したことでしょう。美人絵や役者絵を眺めながら、川崎大師参詣の小旅行を想像するだけで、ワクワクしてきます。それが浮世絵の魅力のひとつでもあるのです。

## 江戸出開帳と浮世絵
### ——江戸のエンターテイメント

**歌川国貞（三代目歌川豊国）《大師河原開帳之図》天保十年頃**

天保十年（１８３９）の回向院出開帳にあわせて、出版されたのがこの《大師河原開帳之図》です。開帳とは厨子の戸帳を開き、秘仏である本尊を一定の期間供養することをいいます。この期間には、弘法大師の功徳を授かろうと、多くの人々が参拝に訪れました。画面右から、付下げに塵除けの揚げ帽子をつけた女性たち、その前を歩く女性は御開帳の土産物でしょうか輪にしたほおずきを手にしています。上図と下図では担ぎ手が異なりますが、肩に担がれた子どもは「開帳大当」と書かれた小さな幟を手にはしゃいでいます。これも御開帳の土産物でしょう。その手前の三人の女性は、大ぶりの笄《こうがい》を髪に飾り渋めの格子柄や縞模様の着物姿です。いずれも紗や絽の薄物や浴衣で、また男の子の持つ団扇には「暑中御見舞」とあり、六月の暑いさなかの御開帳であったことが伝わります。それにも関わらず参詣者の行列は絶えず、武家や町人、茶屋の女性たちの賑やかなおしゃべり声までが、暑さのなか聞こえてきそうです。開帳に際しては、奉納品も多く、詳細を記した張札には、「すしや与兵衛」「桜川新考」「京橋仙女香坂本氏」「回向院前和泉屋」「新ン橋講中」「人形町講中」などの名が見えます。この名は、店や商品の宣伝にもなっていますから、応需として描かれたこの作品のスポンサーであったと考えられます。また、後から摺られた作品の張札には書き換えられた名が見えるなど、異版も含めてかなりの枚数が売れたようです。御開帳の人出に便乗するかのように、この界隈には見世物小屋も建てられました。斎藤月岑の著した『増訂武江年表』によると、東両国には、籠細工によって作られた十一間もある宝船七福神が見世物になったと記されています。参詣者の楽しみは、倍増したことでしょう。

さて、回向院の出開帳はこれ以前にも行われておりました。文化三年（１８０６）の御開帳に際しては、戯作者の曲亭馬琴が『大師河原撫子話』を出版します。川崎大師の霊験によって親の敵を討ったお露の物語は評判となりました。馬琴の創作による物語ですが、ロングセラーとなり、初版の挿絵は北尾重政によるものでしたが、天保十二年（１８４１）には歌川国貞の挿絵に代えて再刻され、長く人々に親しまれました。

また、文政六年（１８２３）の出開帳では、江戸の市村座にて『浮世柄比翼稲妻』が開帳の期間にあわせて上演され人気を博しました。特に「大師河原平間寺開帳の場」が盛り込まれた演出は、観客を沸かせました。このように御開帳にあわせて、出版や興行が行われていたことは大変に興味深く、これらを通して、川崎大師への信仰がより分かりやすいものとして庶民に広がったと言えましょう。

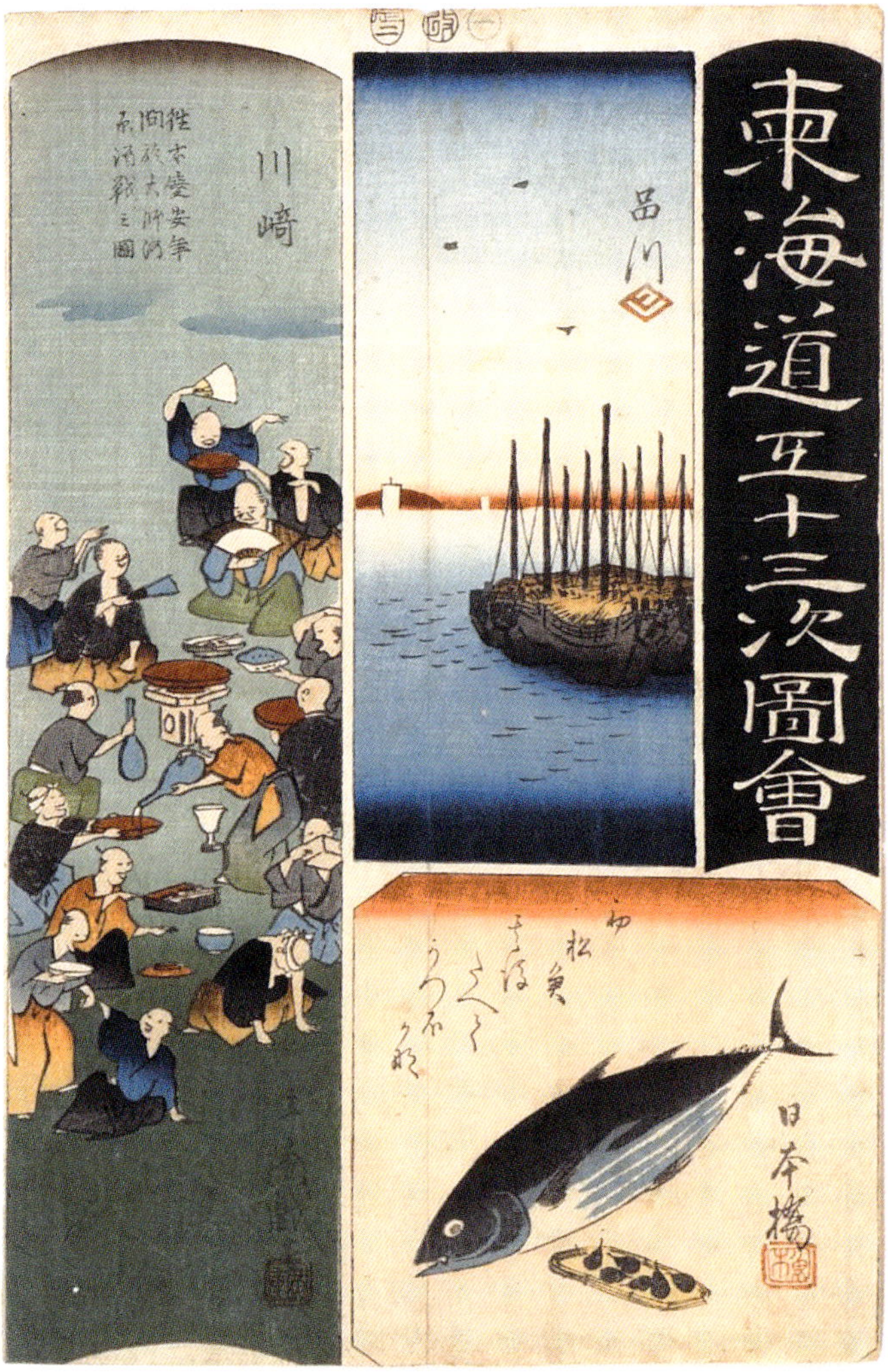

初代歌川広重《東海道五十三次図会》

## 酒合戦——故事にちなんで

初代歌川広重《東海道五十三次図会》安政三年二月

二代目歌川広重《東海道　大師河原》

この作品は張交絵（はりまぜえ）と呼ばれるもので、大小さまざまな形の画面に、それぞれ異なった主題の絵を描き、それらを一枚の画面のなかに組み合わせ配置したものです。冒頭で紹介した広重の《東海道五拾三次之内》が爆発的な大ヒットとなって以降、広重自身も東海道をテーマにした作品を二十種類以上出版しますが、張交絵もそのひとつでした。

まず、日本橋には鰹が描かれます。橋のたもとには、魚河岸があり、棒《ぼ》手《て》振《ふり》が鮮魚を売り歩く活気あふれる光景は江戸の繁栄を象徴するものでした。特に、初鰹は、江戸っ子にとってはいくら高値であっても食べたいと思うのが心情で、粋を示すものでもあったでしょう。品川は、日の出に明け烏、沖には何隻もの船が停泊しています。これは、夜明け前に日本橋を出発した旅人が、品川で日の出を迎えるためで、先ほど紹介した三代目歌川豊国の《大師河原詣》の背景にも、帆を下ろした何隻もの船と、日の出に明け烏が描かれています。そして川崎は、六郷の渡しではなく、酒合戦が描かれました。画中に「往古慶安年間 於大師河原 酒戦之図」とあるように、慶安年間（1648～51）に、江戸大塚の医者・地黄坊樽次と大師河原の名主であった池上太郎右衛門尉底深とが、一門ともども川崎の大師河原の池上邸で三日三晩にわたり行った酒合戦の故事を描いたものです。この戦いは、寛文年間（1661～72）に、茨木春朔（地黄坊樽次）が著した『水鳥記』に詳しく書かれました。実際に行われた大師河原で酒合戦の様子が、軍記物のパロディーとして滑稽に語られています。書名の「水鳥《すいちょう》」は、「酒」の偏の「水（氵）」と旁の「酉（鳥）」から酒を意味しています。この故事に由来して、現在毎年十月の第三日曜日に、川崎大師周辺で水鳥の祭りが催されています。

寛文三年（１６６３）には、六郷の渡しに近い、大師道の入り口に「こうぼう大し江のみち」と記した石の道標が建てられ、江戸時代初期には、すでに川崎大師への街道の整備が進んでいたことが分かります。現在その道標は境内に移されており、その立派な石の道標から往時をしのぶことができます。

## 幕末から明治へ——時代の魁《さきがけ》を描く

二代目歌川広重《東海道 大師河原》文久三年四月

《東海道　大師河原》は、通称「御上洛東海道」といわれる揃物（シリーズ）で、文久三年（１８６３）の十四代将軍家茂の上洛を題材に扱っています。孝明天皇の攘夷実施の求めに応じて同年二月に江戸を出立した将軍家茂は、三月に京に到着します。この時、実際には川崎大師への参詣はありませんでしたが、将軍の上洛行程にはない場所も含めて描かれたこの揃物は全百六十二図に及びました。同年四月から五月の間に全図が出版され、庶民の関心を集めた将軍の上洛にあわせて時期を逃さずに制作されたスピード感にも驚かされます。この作品は鳥瞰的に描くことで、将軍御上洛の長い行列を画面の端から端に描きこんでいます。そのため本堂へ向かう経路と茶屋が軒を連ねる賑やかな参道の様子などがよく分かります。

二代目歌川広重《江戸名所図会　川崎平間村平間寺》文久三年六月

《江戸名所図会》には、川崎にある平間寺が江戸の名所として取り上げられています。川崎大師は、すでに天保時代に刊行された斎藤月岑著『江戸名所図会』や、嘉永三年（１８５０）から刊行された初代歌川広重の『絵本江戸土産』にも取り上げられており、江戸の名所として認知されていました。画中には「川崎平間村平間寺の弘法大師は厄難消除の霊像にして利益を蒙る者多く月毎の廿一日には参詣夥しく門前の料理屋軒を並べて繁昌せり」と記しています。また、本堂の脇にある蘇鉄がとても大きく描かれているのも特徴的で、前出の作品が鳥瞰的に描かれているのに対し、境内にいるような臨場感が生まれました。

**三代目歌川広重《六郷川蒸気車往返之全図》明治四年十一月**

安政六年（1859）六月二日、幕府はアメリカ・オランダ・ロシア・イギリス・フランスの五ヵ国に、横浜・長崎・箱館を開港します。開港間もない横浜をいち早く描いたのは、浮世絵師たちで、浮世絵によって急速に発展する街並みや外国の風俗を人々に伝えました。なかでも明治二年に、横浜と新橋の間に鉄道が計画されると、人々の関心はそこに向けられました。気の早い浮世絵師のなかには鉄道の開通を待たずして、想像の世界で陸蒸気（蒸気機関車）を浮世絵のなかに走らせました。明治四年十一月に制作されたこの作品もそのひとつです。橋を渡る陸蒸気は、まだ玩具のようですし、ポンポン蒸気のような渡舟も絵師の想像と言えるでしょう。しかし、陸蒸気の走る橋の橋台が石造りであることや、明治三年に川崎神奈川間に開業した人力車が描かれるなど、時事をよくとらえています。

初代歌川広重が《東海道五拾三次之内　川崎》を描いた天保四年（1833）から、四十年足らずの間に六郷川には架橋され、陸蒸

二代目歌川広重《江戸名所図会　川崎平間村平間寺》

三代目歌川広重《六郷川蒸気車往返之図》

気が走りはじめるのです。激変する世の中を、闊達に生き抜く人々の姿には、底知れぬ力がみなぎっているようです。

**二代目歌川芳宗《川崎大師平間寺》明治三十四年頃**

川崎大師の山門は、明治二十二年の夏に着工され、十年以上の歳月をかけて明治三十四年に完成しました。棟梁は木村新左衛門、堅牢な総欅を用いた山門の二階からは、東京湾から房総半島が一望できたといいます。ことに後藤正房による緻密な彫刻は素晴らしいものであったといいます。翌三十五年には山門に安置された仁王像の開眼供養が行われ、有栖川宮熾仁親王の揮毫による「金剛山」扁額が掲げられました。この作品は、山門を門前から描いたもので、仲見世には麦藁細工の店や焼はぜ、あなご鍋の看板を掲げた茶屋が軒を連ねています。あなご鍋は蛤鍋《はまなべ》とともにこのあたりの名物として評判でした。明治三十二年には、川崎から大師河原に大師電気鉄道（現在の京浜急行電鉄の前身）が開通しましたから、鉄道に乗って訪れる参詣者も多かったのでしょう。店先を覗く人の姿や、人力車など当時の風俗をよく伝えています。

明治後半になると、石版画や銅版画、写真などにおされて、木版画による浮世絵は売行きを落としていきますが、江戸時代からの彫摺の技法はさらに精緻を極めました。山門の荘厳

二代目歌川芳宗《川崎大師平間寺》

さを伝える細やかな描写は丹念に版木に彫られ、中間色の色彩を用いたぼかしによる濃淡が微妙な光の陰影の表現を可能にしました。川崎大師の縁日は毎月二十一日、前日の二十日の晩は宵大師といい大変な賑わいで見世物小屋なども出たといいますから、この作品は、その宵大師を描いたものでしょう。夕暮れ迫る境内の雰囲気をよくとらえて、ノスタルジックな思いにかられます。

浮世絵は、時代の最先端の流行をとらえ、そこに生きる人々を描いてきました。エネルギッシュであり、滑稽であり、ひたむきであり、どこか郷愁を誘うものでもあります。ここでは川崎大師にゆかりのある作品を選びご紹介しましたが、浮世絵に描かれた人々をとおして、大師詣が庶民にとって心浮き立つような楽しみであるとともに、いつの時代の人々からも篤い信仰の心を寄せられていたことが感じられます。平和で心浮き立つ現世とは言え、厳しい自然の摂理、時代の流れの中に生きる人々の辛さや苦しさも承知しながら、それを吹き飛ばすように、生活の中に笑いや楽しみを見出して描いてきたのが浮世絵であり、そこに浮世絵の魅力を感じることができるのではないでしょうか。

（浮世絵は川崎大師平間寺及び公益社団法人川崎・砂子の里資料館所蔵の作品です）

# 「祈りの美」——仏画の見方と鑑賞——

染川英輔

## 1　仏画とは？

仏教寺院にお参りしますと、ご本尊の仏像が安置され、その教えのありがたい意味を美しく描いた絵が飾られているのを目にします。それが仏画です。

そこには一尊で、またはさまざまな姿・形をした多数の像が描かれています。

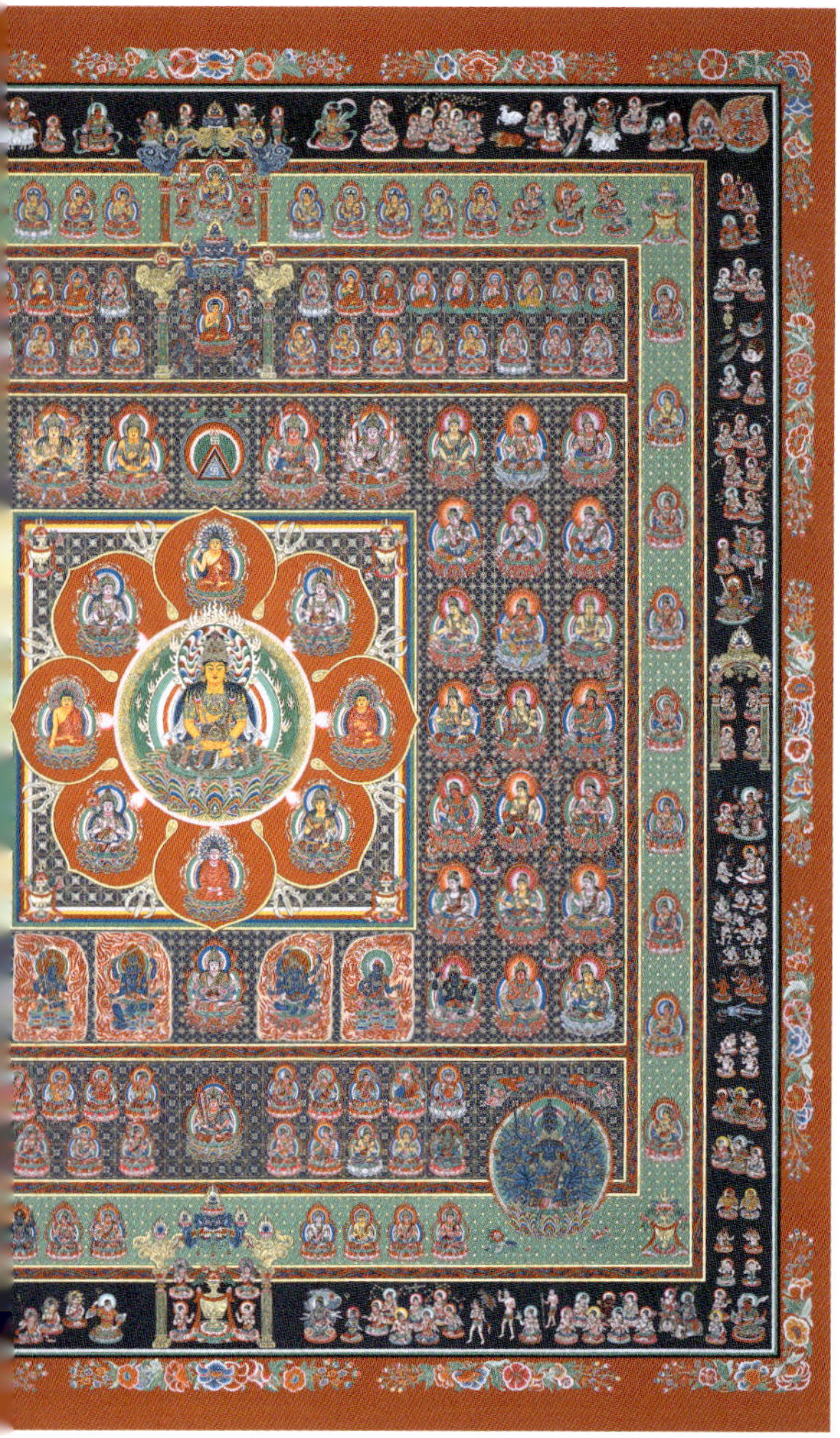

胎蔵曼荼羅　染川英輔作（観蔵院曼荼羅美術館 蔵）

## 2　仏さまのおすがた

仏教は、お釈迦さまが命がけで修行・精進されて悟られた世界を、迷い苦しむ人々の求めに応じて、やさしく、より解りやすくお説きになられた教えです。

最も古い仏画としては、お釈迦さまの誕生、王子としての幸せな幼・少・青年期の生活、結婚、人生に大きな不安と疑問が生じての出家。修行、解脱《げだつ》、人々への説法、涅槃（ネハン・死）などが岩窟寺院の壁面に描かれました。

この釈尊の変容が、以後の仏さまのお姿

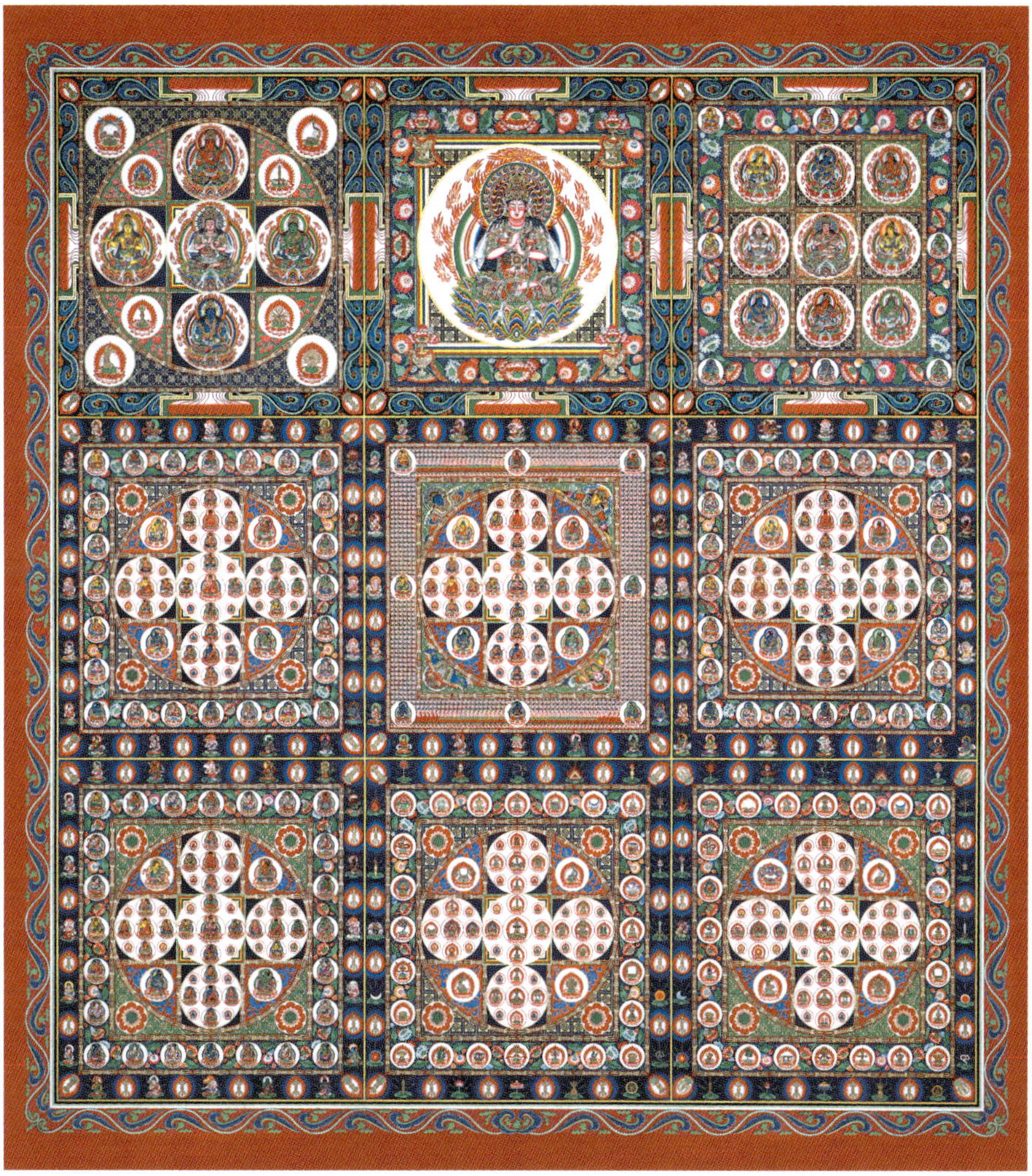

金剛界曼荼羅　染川英輔作（観蔵院曼荼羅美術館 蔵）

になっているようです。

　ここで仏画によく描かれている仏さまのお姿を見てみましょう。

イ　如来　悟りに入った釈尊の姿。頭に盛り上がった智慧のシンボル肉髻《にくけい》がある。

ロ　菩薩（男・女）出家前の裕福な貴族の姿。華美な装飾品、衣。

ハ　明王　仏教守護のために猛威をふるい、武器を持つ。

ニ　天（神）（男・女）仏教守護のため武器を持ち、甲冑を着る。弁才（女）天などは優美な女神形。

ホ　僧形　釈尊の直弟子達の姿。剃髪。

仏教は、釈尊と同時代の人々の心ばかりでなく、時代や人種、地域や国境、海峡を越えて広がりました。

　教えの内容が人々によりやさしく伝わり、より親しめるよう、その地の衣装や髪の形などが微妙な影響を与えています。またその地の神々まで描き込んだようです。荒ぶる心を仏教で鎮め、人々を守護してくれるように……。

## 3　弘法大師空海と密教

五三八年朝鮮半島・百済の聖明王により、初めて日本に仏教と仏像が伝えられました。

その後、朝鮮半島、中国大陸から僧達が来日、さまざまな仏教文化が伝えられ、また日本からの留学生、留学僧により文化・学問・宗教（仏教）が伝わり、各地に寺院の建立が見られました。その中でも法隆寺には多くの仏像が立ち並び、金堂（本堂）の四面の壁には、釈迦、阿弥陀、薬師、弥勒の四如来を中心に数多くの菩薩、天（神）達が描き込まれています。さらに七五二年（天平勝宝四年）には東大寺に大仏が完成。

ところで、このような沢山の仏達の教えは何が共通し、何が違うのでしょうか？

それを明確に図示したのが弘法大師空海によって日本にもたらされた「両部曼荼羅図」です。

空海は仏教・儒教・道教に精通し、さらなる仏教の研鑽のために延暦二十三年、三十一才で渡唐。青龍寺の恵果阿闍梨に師事して密教を伝受され、その教えの全てを描き込んだ一対（2枚）の曼荼羅図を、恵果に托されて2年後に帰国されました。

## 4　両部曼荼羅図

この前ページの2枚（金剛界・胎蔵）の両部曼荼羅図には、仏教の悟り、智慧が、全て仏像の姿・形で表現されて、各尊が生き生きと存在を主張しておられます。

また、それぞれの位置・配置も見事に定まり、全体が中心の大日如来（智慧の総体）を囲んで左右・上下がシンメトリーで印象的です。

この両部曼荼羅を理解することが、仏教・仏画を理解する大きなポイントとなります。

ここには、釈迦如来、阿弥陀如来、観音菩薩、地蔵菩薩、不動明王などなど、計千八百余尊が描き込まれていて壮観です。

その尊それぞれは、自分の教えを象徴する法具を持ち（持《じ》物《ぶつ》）指で教えを伝える（印相《いんぞう》）など、実に細かい表現がなされています。

仏の姿・形がここで全て定まったと言えます。

また、それぞれの尊に私達がお祈りする時は、最も古いサンスクリットの言葉（真言）でもってする……。より仏達と一体になり、厳粛な気持ちが起こってきます。

## 5　自分にもっとも親しめる仏画を求める

自分の煩悩（欲望）を正しく律する智慧（理悲）と、他者への思いやりとやさしい心（慈悲）を説く仏画の中で、日本人にもっとも愛されてきた代表的な図を次に挙げておきます。

●釈迦如来と文殊・普賢菩薩――仏教の開祖お釈迦の画は、宗派を越えてよく見られます。

●阿弥陀如来と観音・勢至菩薩――極楽浄土に人々を導いて下さるこの如来は、浄土教の寺院で必ず見られます。

●薬師如来――病に苦しむ人々を救済して下さる如来。薬の入った器をもっています。

●千手千眼観音菩薩――人々をあらゆる苦難や災厄から救って下さる観音様。世の全てを見て、あらゆる手だてを尽くして下さいます。

●六道図（地蔵菩薩と子供たち）――人は生前の行ないにより、死後は六道のどこかに住

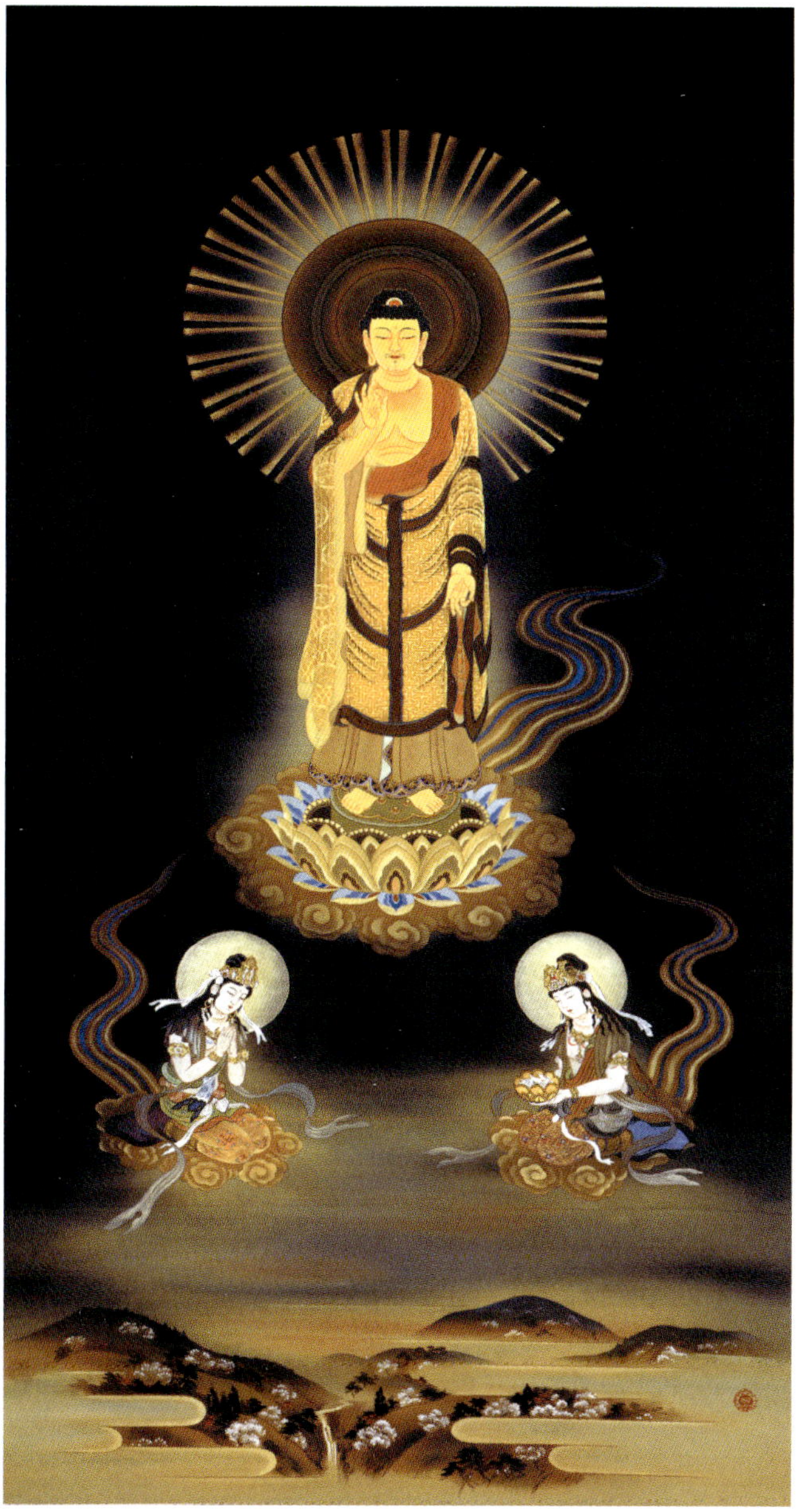

阿弥陀三尊像　染川英輔作（天台宗別格本山 中院蔵）

むことになります。親のより良き往生を願って、賽の河原で子供が石塔を作るけれど、鬼に壊される。その子供たちを守り鬼を諫めます。また六道のあらゆる苦しみを救済するために、六地蔵となって廻っておられます。

●不動明王（波切）——曼荼羅の中の明王達の主尊。大日如来の命を受け、仏敵を退け、信者・行者を守ります。また海波を鎮め、人々の命、生活を助けます。

●川崎大師経蔵の飛天（女）——この経蔵は、仏教が、時代・国境・人種を超えて信仰され、現代に至っていることを証明しています。このお堂に、中国清朝の乾隆帝によって編された「大蔵経」が納められていて、正面壇上には、インド伝来の金色のお釈迦さまが安置されています。その両手は「初転法輪」の印相。初めて法を説かれた瞬間です。

また堂の中央天井には、韓国の画僧に

普賢菩薩　染川英輔作（観蔵院曼荼羅美術館 蔵）

よる青・紅の「双龍図」が飾られています。

インド（ネパール）で誕生した仏教は、中国、朝鮮半島を経て日本へ。

この経蔵の四面の大天井に、お釈迦さまのありがたい説法を喜ぶ七体の天女を描いてほしい、とのご依頼が私に参りました。

日本の一画家として、こんな幸せなことはありません。

タテ２・２ｍ
ヨコ５・５ｍ
桐の板

不動明王　染川英輔作（観蔵院曼荼羅美術館 蔵）

飛天図「経巻 幡を捧げ持つ」

飛天図「笛と太鼓を奏でる」

飛天図「散華」

飛天図「琵琶を奏でる」

めでたい場面にふさわしく、七体穏やかな笑顔で、散華・奏楽・荘厳具（幡）などを描き込むこととしました。また天女の姿・形は、川崎大師が温かい海にも近いということから、ミロのビーナスを連想して頂きたく、必要最小限の飾り物しか付けませんでした。

制作には一年半ほどかかりましたが、無事完成！

これで四ケ国の仏教文化の融合・結実に至ったと、心から喜んだ次第です。

## 6　おわりに

以上、私が直接制作した経験から、仏画の基本的な見方、鑑賞などについて述べてみました。

仏画の中には、国宝に指定されているものがたくさんありますが、保存・保管上大事にされていて、いつでも見られるものではありません。

機会を見て、ぜひ本物をご覧下さい。

皆様も仏画がますます好きになり、仏教を深く知ることになります。

川崎大師の「経蔵」内部　中央は釈迦如来。天井に七体の天女が描かれている。

【俳句を楽しむ】

# 奇跡の銀杏——川崎大師との句縁

星野　椿

川崎大師と俳句とは全く違った分野でありながら全く相通ずる一筋の道があると私には思えるのです。

心のより処である信仰。俳句も又信仰に似たものであると思うのです。

弘法大師は、

法を、求めることは必ず衆師の中に放てし

道を学ぶことはまさに衣食の資にあるべし

とお説きになった様に、道を学ぶ事は尊いことなのです。それは永遠につながってゆくと思います。永遠こそが私達が求める信仰なのだと思うのです。

秋のある日、川崎大師を訪れました。そこには丁度、七五三の可愛い子供達が大勢いましたし、菊花展も行われているのでした。境内が何となく菊の匂いが漂っている様なよく晴れた好日でございました。

金賞に輝く懸崖の菊や一等賞の菊の鉢等が並んでおりました。

賑やかなこの境内も七十年前の戦争で火の海となったと伺いました。残ったものは門前の銀杏が一本だったと伺いました。どんな惨めな姿であったか想像もつきませんが、さぞかし大変だったろうとしみじみと思いました。

そして戦後は復興の一途に心を砕かれた中興一世の先代、髙橋隆天様のお姿が浮かんでくるのでした。隆天大和上はその生涯のほとんどを川崎大師の復興にささげた方でした。

そして隆天様のお導きで川崎大師には俳句の運機がみなぎったのでありました。

昭和三十三年諸堂復興の第一歩を踏み出されました。御本尊を仮本堂から新しい御本堂に移され御遷座式が行われたのでございます。

その時、諸法要、諸行事が行われ、その一つとして記念の句会が盛大に開かれました。

祖父高濱虚子はそこにお招ばれを致しまして、娘の星野立子と山口笙堂師を伴って出席したのでした。

金色の涼しき法の光かな　　虚子

その時に作りました何句かの中でこの句が句碑となって静かにお大師様の「やすらぎ橋」のたもとに建立されております。

昭和三十四年五月十四日この句碑の除幕式が行われ、この時六才と八才の私の息子が除幕させて頂きました。

除幕式には大勢の方が参列され心の中に敗戦を経てきた苦労を一瞬忘れ去る思いを抱いたのでありました。

過ぎてきし月日も戦争もそこには無かったごとく心を浄めてくれるのでありました。

それこそが法。信仰の道だと思うのでございます。

そして芭蕉の句碑が建っております。

父母のしきりに恋し雉の声　　芭蕉

この句の中に父母の情が溢れているのでございます。そして人の道があるのです。親は子に子は親に対する愛情が仏心となって一句になっていると思います。

さて平成二十六年五月一日、新しく子規の句碑が建立されました。

虚子の句碑と背中合わせに、虚子の師である子規の句碑は堂々と序幕されました。

明治二十七年十一月三日に川崎大師を訪れた時の子規の俳句です。

これはお大師様の大開帳のお祝いの日に除幕されましたが、藤田隆乗貫首と紅白の綱を握りつつ私も除幕させていただきました。その日はこの上もなく晴れた日でございました。

朝霧の雫するなり大師堂　　子規

かくしてこの三つの句碑は俳句愛好者にとって、今やお大師様のシンボルだとも言える心のより処になったのでございます。


これは髙橋隆天様が復興の一助にと思って下さった事が実っているのです。

今や完全復興なされた諸堂を拝観しつつ私はそこに多くの魂がこもっている事を感じました。

先代の隆天様の奥様である輝峯様、お兄様の秋甫様達の魂です。

ここにそのお三方の句を御披露致したいと存じます。


隆天様の俳名圭月様の御句。

御講書の儀に参内す福寿草
二百回句会親しき夏座敷
会館の落成近し秋晴るる
大勢に嬉しきものよ年用意
一つ一つに仏ぞおわす天の川

お元日には皇居を拝み献上なさるのだそうです。

秋甫様御句。

訪へゆく飛び石伝ひ露しぐれ
大寺の客間ひっそり花菖蒲
お水屋の杓青々と初大師
夏足袋を替えて僧止迎へけり
サングラスかけてセーヌのクルーズに

秋甫様は素晴らしい方で、お茶の先生でもありました。

輝峯様御句。

住職は明るき人よ春の風
買物のついで花見といふことに
アネモネの咲いたる午後の茶の間かな
初雪の程なく雨となりし午後
冬草の青々として根をはりて

圭月様を支える奥様としてご一緒に復興をお助けになったと思います。

このお三人のお力が現在の川崎大師の大きな礎になっているのではないでしょうか。

かくして今なお、お大師様には俳句会が重ねられているのです。

連綿と続く大師玉藻会の皆様の句から抜粋させていただく事にします。選者は星野立子、高木晴子、そして現在は星野椿が当たらせて頂いております。

平成二十六年十一月

御影堂の障子明かりや御法燈　一翠
勤行を済ませ落葉を焚く日課　一翠
この月は時雨多しと坊を守る　香村
一日の始まり寺の落葉掻　岳風
恐竜の如き信濃の冬の峰　白棹
柊の花を散らせし雨匂ふ　忠士
故郷は一足早く冬構　英心
霊木も銀杏落葉となりにけり　夏津成

平成二十七年一月初句会

大師線席ゆずられて老いの春　一翠
すこやかに居るがご利益去年今年　一翠
老僧の衣帯正しき初鏡　乃武春
護摩の灰かぶりて鏡餅尊と　乃武春
叱られるうちが幸せ日脚伸ぶ　岳風
寺勤め早や定年に日脚伸ぶ　岳風
今朝の寺四温の雨に包まれて　修
境内に雪がちらつく初大師　善行

平成二十七年三月

子規虚子の句碑をつなぐや赤椿　乃武春
虚子句碑を囲むが如く落椿　青波
思い出を涙に込めて卒業す　青波
蛇穴を出でてうたた寝岩の上　映村
卒塔婆をひたすら書いて彼岸なる　映村
手に取れば音さえ親し種袋　忠士
涅槃図の嘆きは燭を揺らしけり　忠士
境内の百花育む暖かさ　行弘
あたたかやたまには帰れと父が言う　龍祐
彼岸入り境内に露店の二、三店　夏津成

今なお、毎月一回の玉藻句会はお大師の一つの行事としてお偉い方も若いお坊さんも俳句を始めたばかりの沙弥も大広間で一緒に句筵を開くのです。これぞ素晴らしい俳縁の道だと思います。

選者でありました星野立子の句。

ままごとの餅もおさいも土筆かな　立子
大仏の冬日は山に移りけり　立子
口ごたへすまじと思ふ木瓜の花　立子
今日よりは十一月の旅日記　立子
みなが見る私の和服パリ薄暑　立子

星野高士の句。

名月に雁のよぎるや旅の果　高士
青不動赤不動菊日和かな　高士
寡黙とはときに力や鰯雲　高士
赤とんぼ夕暮はまだ先のこと　高士
蝦夷に来てまでも秋扇使ふとは　高士

星野椿の句。

この梅に立てば一年たちしこと　椿
立春の月の兎は耳立てて　椿
幾仏心の中に梅探る　椿
芝居はね夜の梅匂ふ銀座かな　椿
仏縁も句縁も春の風に似て　椿

高濱虚子の句。

山国の蝶を荒しと思はずや　虚子
初蝶来何色と問ふ黄と答ふ　虚子
俳諧の灯は涼しとも暑しとも　虚子
目つむれば若き我あり春の宵　虚子
時ものを解決するや春を待つ　虚子

高木晴子の句。

壁炉焚くこれも一興避暑の荘　晴子
年の夜や送りし日々に梅はなき　晴子
初蝶の影を大事にして舞へり　晴子
京にあり昔語りをきく夜長　晴子
庭に咲く鈴蘭小さき命かな　晴子

そしてお大師様の寺門を振り返ると、大寺の歴史を知っている奇蹟の銀杏は、静かに黄葉し始めているのでありました。

川崎大師にある高濱虚子の句碑

座談会

# お大師さん今昔

## ——戦前・戦後の川崎大師

**藤田隆乗**
平間寺貫首

**斎藤文夫**
神奈川県観光協会会長・
川崎・砂子の里資料館館長

**寺尾嘉剛**
川崎市文化財団理事・
川崎信用金庫元理事長

**宮川政久**
医療法人 誠医会理事長 宮川病院
院長・平間寺講社連合会会長

〈司会〉**小池満紀子**
川崎・砂子の里資料館理事

平成27年9月26日収録（平間寺信徒会館吉祥の間）

時代が移り変わるなかで、川崎大師と大師町の界隈は大きく変貌を遂げ、信徒や地域の人々の暮らしも様変わりした。開創八九〇年を前に往時の「お大師さま」の面影を紙面に留めておきたく、川崎大師の歴史をよく知る四氏に、平間寺と大師町の戦前・戦後から今に至る歩み、エピソードなどを語っていただいた。

## 震災の日の二つの「奇跡」

——本日は、戦前から今日まで川崎大師とともにさまざまな体験をしてこられた皆さまに、『お大師さん今昔』と題して川崎大師にまつわるお話をいろいろとお伺いしたいと思います。

**斎藤**　直に体験しておりませんが、少しさかのぼって大正時代のことから。母から聞かされ印象に残っているのが、大正六年十月一日に関東地方を襲った高潮災害です。

台風の影響で大師界隈一帯が大規模な高潮に見舞われ、当時、横浜の一部や川崎を中心とした一帯は、橘樹郡と呼ばれておりましたが、そこで三十六名の村人が亡くなったのです。

私の母は大師近くの海岸沿いに住んでいたものですから、塩浜に津波が来るぞというので、畳を上げたり、子どもたちを二階へ避難させたりしたところ、波が押し寄せて、床上を洗っていった様子を生々しく記憶していました。

**寺尾**　このあたり一帯が水浸しになったという話は聞いたことがあります。

**宮川**　孤児になった方も多かったようですね。

——そんな大災害があったのですね。そして、大正十二年には関東大震災がありました。その際、お大師さまも大変な被害を受けました。

**藤田**　寺にある記録を見ますと、大本坊、客殿、鐘楼堂などが倒壊したということです。

震災にまつわるエピソードが残っておりまして、震災のおよそ一カ月前の八月七日に四十一世の佐伯隆運貫首が遷化されたのですが、納骨を前にご遺骨が客殿の一室に奉られていました。客殿は倒壊したと申しましたが、その一室だけは被害を免れたのです。

また、跡を継いだ髙橋隆中貫首はもともと大井にある来福寺にいた方で、震災の九月一日はそちらでお勤めをする日でありました。体の丈夫な方ではなかったため、後に四十三世貫首となられる髙橋隆超和上がご同行されており、お二人とも被災せずに済んだのです。

この二つが震災の日の奇跡と伝えられています。

川崎大師も関東大震災で大きな被害を受けた

**斎藤**　お大師さまの周辺では火事がなかったので、横浜のような大災害にはなりませんでした。工場で女工さんたちが建物の下敷きになって亡くなるということはあったけれど、火災がなかったことで、川崎全体の被害はそれほどでもなかったんです。

## 一大催事だった戦前の豆まき

――そのころお大師さまの周辺は、すでにかなり賑わうようになっていたのですか。

**斎藤**　明治になって鉄道の整備が進み、臨時列車が汐留から川崎駅まで乗り入れるようになってから参拝客が増えたのでしょう。東京だけでなく関東近県からも参詣に訪れるようになり、だるま組という人力車組合の俥夫が、お客を駅前からせっせと運んだようです。

　当時、川崎といえば梨畑、桃畑ばかりで、こんなところに駅ができたのは、大師詣の人のためと言われていました。鉄道が整備され、やがて川崎の工業の発展へと繋がっていくわけです。

　明治三十二年一月には東日本初の大師電気鉄道ができます。川崎大師と川崎駅を結ぶ計画だったのですが、だるま組が「俺たち商売上がったりだ」と反対したため、六郷橋のたもとで止まってしまったのです。京急川崎駅まで乗り入れるようになったのは、明治三十五年になってからです。

――それが大師線の発祥ですね。

**斎藤**　そうです。そして、大正から昭和に変わるころには、大師から鶴見方面へ臨海地区を走った路面電車、海岸線が開通していています。小さなチンチン電車でしたね。

**宮川**　塩浜の方に向かう路線、海岸電気軌道ですね。乗った覚えがあります。

――昭和十年ごろとすると、斎藤さんは小学校二、三年ぐらいですね。

**斎藤**　そうです。子ども時分の思い出といえば初詣ですね。それから三月下旬に「正御影供《しょうみえく》」という行事がありまして、そこで植木市が開催されていました。家族で市を訪れて木を一、二本買って帰り、庭に植えたことを思い出します。

**寺尾**　植木市はつい最近まで続いていましたね。わが家の庭にも父が植木市で買ってきた木を植えていました。

――門前の仲見世はどんな様子でしたか。八百吉という名前を聞いたことがありますが。

**藤田**　八百吉とか、今も残っている恵の本などの料理屋がありましたね。

桜並木を行く大師線

**斎藤**　お大師さまの門前は江戸時代からのもので、日本の商店街の走りとも言われています。

　私の父は昭和二年に結婚しましたが、八百吉で盛大な披露宴をやったんです。

**寺尾**　そのほか、太月、松月、エビスヤなどのお店が軒を連ねていました。

**宮川**　お大師さまの豆まきのときには、その年の年男がそういった料亭を常宿にして、親戚など一族郎党を呼び集めてご馳走をしたものです。

**寺尾**　料亭を本陣に、高張提灯で行列を作ってお大師さままで練り歩き、豆まきをしたんです。

**宮川**　料亭から出ると、タオルとかお餅だとか、飴などをたくさん撒いたものです。父や祖父もやっておりましたが、結構お金のかかるものでした。

**寺尾**　一大催事ですよね。

**藤田**　今は節分の日には三回、各回七十名、年男と年女で二百名以上の方々に参加していただいておりますが、そのころは一回だけだったようです。長い行列を作って、沿道の人にご祝儀でいろいろ撒いて。沿道の人は「万歳、万歳」って大騒ぎして……。

**宮川**　自宅が近い人は自宅から、少し遠い人は、八百吉や太月などの料亭から出て、最終的に仲見世に集まってお練りして入っていく。すごい熱気でしたね。

## 多くの人々を支えた川崎大師の社会事業

――大正十三年七月一日に、川崎町、大師町、御幸村が合併して川崎市が誕生し、時代は昭和へと移っていきます。そのころ髙橋隆超貫首は社会事業に熱心に取り組まれたのですね。

**斎藤**　県立中学を川崎に誘致しようという長年の悲願があり、昭和二年に正式に神奈川県に陳情して実現することになりました。その際にお大師さまは五万円寄付してくださったんです。

――今でいえば数億円という金額ですね。

**斎藤**　隆超御前が英断を下されたんですね。その当時は県立とはいいながら、土地から何からすべて地元で用意しなければなりませんでしたから。

また、町が大正十二年に今の平和通りに公設市場と、その裏手に川崎社会館という宿泊施設を建てました。川崎にやって来る労働者のためのもので、入浴もできる施設でした。

川崎大師が運営を引きついだ川崎社会館

民衆食堂（昭和初期）

大衆浴場（昭和初期）

我が家は洋品店をしており公設市場にも支店を出していましたので、社会館を覗いたことがありますが、その後だんだんと運営が難しくなってきたところ、社会館を含め運営を引き受けてくださったのがお大師さまでした。

昭和初期のデフレで、社会館には大勢の人が宿泊していました。利用者の三割は朝鮮籍の方だったと聞いています。お大師さまがそのような面倒をみてくださったわけで、社会事業で大変なご功績を残されたことは忘れてはならないと思います。

大師図書館の外観（上）と閲覧室（下）

**寺尾**　私にとって印象深いのは、幼稚園と図書館です。今の滃秀園のあたりに大師幼稚園がありまして、私も通っておりました。お大師さまの先生方の法話を聞いたことを覚えています。

大師図書館も私には大切な存在でした。今の川崎区役所の大師支所のあたりにありまして、頻繁に訪れていました。大師図書館のおかげで本が好きになりました。

**斎藤**　川崎でただ一つの図書館でしたね。

**寺尾**　しかも民営で。門前の小僧じゃありませんけれど、お大師さまの図書館と幼稚園に育てられたように思います。

子どものころ楽しみだったのは宵大師ですね。毎月二十一日がお大師さまの「縁日」で、その前夜です。「二十日の晩」は参道に屋台や夜店が並び、毎月待ち遠しかったですね。

——どんなお店が出ていたのですか。

**宮川**「縁日」ですから、バナナの叩き売りとか、見せ物小屋もかかっていました。サーカスやオートバイの曲芸、ろくろっ首なども……。

**藤田**　お正月に初詣をする習慣ができたのは、明治になってからです。鉄道ができてお正月に多くの参詣客を運ぶようになり、「初詣」という言葉が広まっていったようです。

ですから、「縁日」はお正月ではなく、大師では毎月二十一日を指し、その前日の二十日の晩に人々が繰り出して賑わっていたわけです。娯楽の少ない時代でしたから。

## 大戦中の川崎大師

——戦争が始まると、やはり厄よけ大師さんですから、出征される方やその家族など、参拝される方は多かったのでしょうね。

**斎藤**　そうですね。門前に女の方たちが集まって、千人針を縫ったり……。

**寺尾**　お札をいただいて武運長久を祈る方が多かったです。

——戦争中の昭和十九年にも、十年に一度のお開帳があったと伺っていますが。

**宮川**　十九年のお開帳には祖父と来て、ご利益があるといわれる赤札をいただいたことを覚えています。赤札は朝六時に出るのですが、三時に門が閉まるので、その前にお大師さまの中に入っていなければいただけませんでした。しかも、いつ出るかわからない。だから、お開帳の期間中、毎朝お大師さまに行っていなければならなかったんです。

**藤田**　お寺の記録によると、昭和十九年のお開帳は戦時中ということで一週間だけでした。

**寺尾**　赤札は出るか出ないかわからないのですが、なんとなく伝わってくるんですよね、「今日は赤札が出るぞ」って。そうすると、わーと人が集まるという感じだったですね。

**斎藤**　子どものころ、お腹が痛いというと、母が赤札を小さく切って飲ませてくれたものです。頭が痛いときには貼ってくれたり。

——戦争の末期には、五重塔建造のために集めた資金が軍用機製造に転用されたそうですが。

**藤田**　五重塔を建てることになり、まず宮川先生の御祖父様や檀家の方々にお力添えいただいて、基本金三千円を用意しました。そして、さらに百万人講をやろうと、今の納札所のそばに事務所を作ってお参りに来られる方に一人一円ずつ寄付をお願いしたわけです。

**宮川**　お大師さまへの参拝客は今は正月三が日で約三百万人といわれていますが、当時でも年に百万人くらいは来られていたのではないですか。ですから、一人一円ずつ寄付すれば百万円集まるだろうと。

**藤田**　ところが軍の要請で、基本金の三千円を軍用機製造に回すことになったのです。

**宮川**　戦中のことですから五重塔を作るよりも飛行機を、ということでなってしまった。

**藤田**　それで作られたのが金剛号と川崎大師号です。境内に記念の「五重塔建設資金の碑」が残っています。

## 御本尊を守った隆超貫首の英断

第四十三世 隆超大僧正

——さて、昭和二十年四月十五日の空襲で、お大師さまも甚大な被害を蒙られましたが、先々代のご英断で直前に御本尊だけを遷座され、守ることができたと伺っています。

**藤田**　その前の四月三日から四日にかけて最初の空襲があり、境内のお墓のあたりが被弾し、死者も三十数人出たそうです。先々代もいよいよと思われたのか、御本尊様の疎開を決めたのです。

　では、どこに移すか？　隆超御前が以前住職をしておられた観音寺というお寺が横浜の菊名にありまして、御前のご判断でそちらに疎開させることとなりました。

　そこで、次の貫首となられる隆天師ともう一人の弟子を呼び、秘密裏に御本尊様を運び出すことを告げ、十二日の夜にお供二人とともに先々代が自らお運びになったと聞いています。

**斎藤**　御本尊を動かすというのは一大事ですね。

**藤田**　何しろ開創以来初めてのことだったので、喧々諤々の議論になったそうです。そのとき総代会に出席された方のお孫さんから伺ったところ、大多数が「お大師さまのご加護、ご利益で爆弾は落ちないだろう」という意見で、疎開を主張する方は少数派でした。

　しかし、十五日夜の空襲で大本坊の鉄骨や福徳稲荷堂のほかは、すべて焼失しました。まさに隆超貫首の大英断だったのです。

大戦で廃墟となった川崎大師敷地で昭和25年から大本堂建設の整地作業が始まった

**宮川**　空襲のとき僕は祖父とお大師さま近くの台町の自宅にいまして、お大師さまが焼けるのを見ていました。本堂や山門が焼ける様は子どもの目に美しく映り、「花火を見るよりきれいだ」と思わず口にし、祖父から「お大師さまが焼けているのに何だ」とえらい剣幕で叱られましたね。

**斎藤**　空襲の後は見渡すかぎり焼け跡で、房総半島が川崎駅から見えるんです。左側にお大師さまの大本坊の焼け跡、右側を見ますと、日本鋼管の高炉とガスタンクだけが見えました。川崎は真っ平らになっちゃったな、とそのとき思いました。

**寺尾**　自分は川崎が空襲にあったと聞いて疎開先から戻ってきたのですが、電車は大森あたりで止まってしまいました。六郷橋まで歩いてきまして、そこから眺めたところ、すべて平らになっていました。残っていたのは、今の競馬場のあたりにある煙突一本だけでしたね。

**藤田**　遷座した御本尊様は、記録によると昭和二十年十月二十七日にお帰りになります。わずか半年の避難でしたが、ここから川崎大師は目覚ましく復興を遂げていきます。やはり御本尊様が無事だったということが、皆さんの気持ちを奮い立たせたのではないでしょうか。川崎大師の歴史を次の時代へと繋ぐことができたのは、まさに四十三世隆超貫首のご功績と思います。

## 復興に向け、資金難を乗り切る

――さて、いよいよ戦後となり、復興がスタートします。

**藤田**　隆超貫首は復興に尽力されますが、昭和二十三年九月八日に遷化されます。そして、その年の十二月六日に髙橋隆天和上が本山から住職を拝命しました。ところが当時まだ大学生で二十一歳とお若かったため、五年間成田山と京都の総本山智積院で修行を積まれます。川崎に戻ってこられ

昭和28年髙橋隆天貫首の入山式

たのは昭和二十八年です。

**寺尾**　総務の馬本克美さんがお若かった隆天貫首を支えたんです。表に立たれて復興の陣頭指揮をされたのが隆天貫首で、それをサポートされたのが馬本さん。聖と俗とが両輪となって、実に見事に復興事業を展開されました。

成田山、川崎大師、高尾山の関東三山で全部燃えたのはお大師さまだけで、七堂伽藍すべてを建て直すのは大変な難事だった。それを成し遂げられたのです。

**宮川**　本堂を建てる資金ですが、あちこちにあるお大師さまの土地の一部を処分しそれに充てようという話になりました。ところが、戦中戦後の混乱で、お大師さま名義の土地がなくなっていたのです。このようなさまざまな事情から資金繰りが行き詰り、工事も途中でストップしてしまい……。

銀座を行く資金集めのための托鉢隊

**寺尾**　そうでしたね。長い間、鉄骨が雨ざらしだった時期もありました。

金融機関のことを申し上げますと、戦後は神社仏閣に対する融資にいろいろな規制がかかるようになり、資金調達が難しくなりました。それで、先代の御前が資金集めのために托鉢隊を組織し、川崎はもとより横浜、そして銀座にまで赴くことにもなったのですね。

**宮川**　三十九年がお開帳の年なんで、なんとか間に合わせなくちゃいかんと、私の祖父も馬本さんとともに資金集めに奔走しました。建設を請け負った大林組に働きかけたり。

**寺尾**　そうですね。大林組と京浜急行、川崎信用金庫が企業の御三家としてお大師さまを支え、個人では宮川先生をはじめ、いろいろな方が周りでサポートをされました。なにしろ隆天貫首が托鉢で歩かれるんですから、銀座などにも応援に出向いたりしました。

**宮川**　それで三十九年に本堂が完成してお開帳も無事にでき、そうするうちに参詣客も増えてきました。昭和三十年代になるとお大師さまの収入も安定するようになりました。

本堂落慶を記念して横綱大鵬、柏戸、栃ノ海の手数入が奉納された

昭和39年大本堂が再建され、20年ぶりの大開帳も奉修された

## 車社会の到来を見きわめていた先代貫首

**寺尾**　これからは車社会になるから、車の祈祷もやっていこうという話が持ち上がったのが昭和三十八年です。で、その年の十二月、裏門から入った右手に自動車の祈祷所を作ったんです。それこそ渡り廊下みたいな場所でしたけれども。

当然、始めるにあたって設備投資などにお金がかかったのですが、なんと翌年の一月二十一日、初大師のときには回収できてしまったんです。

――わずか一カ月ほどで？

**寺尾**　はい、やはりお大師さまのご利益でしょうか。その後、今の薬師殿があったところに立派な祈祷所を作り、その後さらに新しい祈祷殿を建てることになりました。

平成十八年四月、大師河原に現在の新祈祷殿が建立されました。その落慶のときに、隆天貫首が涙を流されていたことを印象深く思い出します。反対の声もあるなか取り組んでこられたので、ご苦労も多かったのだと感じた次第です。

**藤田**　先代はこれからモータリゼーションの時代になっていくだろうと思っておられたのでしょう。先見の明をお持ちの方でした。

その後、祈祷の依頼はどんどんと増えていき、渋滞が発生

昭和45年に建立された自動車交通安全祈祷殿（現・薬師殿）

するようにもなっていました。すると近隣に大変なご迷惑がかかることになりますので、早く広い場所を確保しなければという気持ちも強かったのではないでしょうか。そんな思いが落慶とともに一気にこみ上げたのでしょうね。

——社会事業については、戦後はどのように取り組んでこられたのでしょうか。

**藤田**　戦前とはスタイルが異なり、公共施設に寄付したり、子どもたちの日曜学校を開いたり、災害があれば援助するなど、地域社会全体に貢献するという形に変わってきました。

また、教育事業の一環として県立高校に奨学金を出したり、弘法大師の教えを多くの方に知っていただくために、教学研究所という研究機関を立ち上げたりもしております。

**斎藤**　御前が名誉会長を務める川崎ロータリーには、外国人留学生の奨学金として年額百万円ずつご寄付なさっています。また、年に二、三回は近隣町内会の代表の方々にお集まりいただいて、ご意見やご要望を聞く会も設けていらっしゃいます。

## 「経蔵」落慶が戦後復興の終着点

——さて、藤田貫首のもと、お大師さまはまもなく開創八九〇年をお迎えになるわけですが、それに向けての抱負をお聞かせいただけますでしょうか。

**藤田**　その前に、川崎大師の戦後復興はいつ終わったか、これが非常に重要な視点ではないかと思いますので、まずそこからお話しします。

復興の流れを追いながら考えてみますと、私は三つの節目があると思います。

一つは昭和四十九年五月二十一日です。御開帳の結願の最後の日に当たり、その前年に信徒会館が完成し、鎮守様の清瀧権現も建て直しをいたしましたから、これが一つの節目でしょう。もう一つは昭和五十四年で、三月二十一日に髙橋隆天貫首が時の真言宗智山派管長だった芙蓉良順猊下から、中興第一世という称号を戴いたことです。これも意義深い年だと思います。そしてもう一つ、私はこれが戦後復興の終着点だと思っているんですが、平成十六年の経蔵の落慶です。

経蔵が建ち上がるときに、私は隆天和上の隣で感慨深くその様子を見つめておりました。

なぜ感慨深かったかと申しますと、あらゆる仏教典籍を収集した大蔵経というものがありますが、川崎大師は平成三年に中国の清朝時代の乾隆版大蔵経をある所から入手します。そのときの担当が、当時教学課の課長をしておりました私でした。

――大変貴重なものですね。

**藤田**　そうです。そのとき貫首から「私に考えがあるから、しばらくお前がこれを管理しておけ」と命じられました。そして、それから十数年経って「経蔵を作るぞ」と。先代はすでにあのときからお考えになっていたんだな、と得心がいったのです。

もう一つ、お寺が備えるべき七つのお堂を七堂伽藍と申しますが、時代とか宗派によってその内訳は違います。あるとき先代の書かれたメモを見たのですが、そこに七堂伽藍が書かれておりました。「大本堂、信徒会館、大本坊、大山門、五重塔、鐘楼」これらはすでに再建されましたけれど、最後に「経蔵」とあるんです。ああ、先代がお考えの七堂伽藍は経蔵までを指すんだなと私は思いました。このことから、平成十六年五月一日の経蔵落慶の日までが、先代にとっての戦後復興だったのではないかと思った次第です。

――最後の締めくくりが経蔵だったと。

**藤田**　先々代の隆超貫首が関東大震災で倒壊した大本坊、客殿、鐘楼堂を再建された。先代の隆天貫首が戦災で失われた大本堂をはじめとする諸堂伽藍を建て直された。まさにお二人が復興の歴史を築いてこられたのです。

## 「お大師さまとともに、ご信徒とともに」の信条を引き継ぐ

**藤田**　さて、平成二十六年はお開帳の年でしたが、貫首とし

て携わるのは今回が初めてでした。貫首以外は刷ることはできない赤札を何年もかけて刷って準備し、お開帳のときに一カ月間、それをお一人お一人にお渡ししていったのですが、夜中から並んで待っていて下さる方あり、朝一番で来られる方ありで、川崎大師への信仰というものは江戸時代から連綿と続いていて、今も皆さんの中に生きつづけているということを、つくづくと感じたのです。

いよいよ平成二十九年には開創八九〇年を迎えるわけですが、もう新たに建てるべき伽藍はありません。したがって私の役割は、これからも川崎大師が皆さんの信仰のよりどころであり続けるよう、七堂伽藍をしっかりと守り、そして次の時代へと繋げていくことだと考えています。

そこで、大本堂も建立からもう半世紀以上経過し、手を入れなければならない時期にまいりましたので、ご信徒の皆さんのお力もお借りして、思い切って全体に改修を施しました。

――平成の大改修ですね。

**藤田**　はい。それが平成二十六年でした。そして、先代がいつもおっしゃっていた「お大師さまとともに、ご信徒とともに」という信条、これは先々代、さらには歴代の貫首の思いでもあったはずで、この信条を私も継承していきたいと考えています。

――開創八九〇年を記念して独自に取り組まれることはありますか。

**藤田**　八角五重塔の隣に遍路大師といいまして、弘法大師様が四国を巡拝しているお姿があります。そこに先代貫首が四国八十八ヶ所を巡って頂いたお土砂が埋めてあり、ぐるっとお参りすると四国をお参りしたのと同じご利益があるという「写し霊場」になっているんです。

そこで、私もこれに倣い、日本百観音の「写し霊場」を作ろうと考えています。八十八ヶ所巡礼に対し百観音霊場を巡る巡礼行がありまして、こちらは西国の三十三、そして坂東の三十三、そして秩父の三十四を足して百となります。

実は、すでに坂東と秩父はお参りをしてお土砂を頂いておりますので、来年西国を巡ると百カ所のお土砂が揃います。その写し霊場を「鶴の池」の池畔に作るつもりでおります。記念事業というほど大それたものではありませんが、参拝に来られる方が四国のお大師さまにお参りしたあと、観音様のご利益にもあずかることができる祈りの場にしたいと思います。

――ご出席の皆さま、本日は貴重なお話をありがとうございました。

# 【付録1】川崎大師のパワースポット

川崎大師平間寺の境内には、「厄除け大師」ならではのパワースポットというものが存在します。長く庶民の信仰を集めてきた境内の代表的なスポット三か所をご紹介します。

## 福徳稲荷堂

川崎大師は、昭和二十年（一九四五）四月十五日夜半、空襲により本堂をはじめ諸堂を焼失しました。境内東南の一角にあった福徳稲荷堂は、唯一その難を逃れた貴重なお堂で、まさに奇跡の「お稲荷さん」です。終戦後、焼失した本堂跡地前に移設されましたが、新大本堂の再建工事に伴い、現在の不動堂の隣に移設されました。

「福徳稲荷堂」は、五穀を司る倉稲魂神《うかのみたまのかみ》を祀り、五穀豊穣、商売繁昌の守護神として多くのご信徒が参詣され「お稲荷さん」として親しまれています。

お稲荷さんの大祭は、普通、初午の日に行われるのが一般ですが、当山では二月のご縁日である二十一日に「福徳稲荷大祭　午まつり」として法楽を行っています。

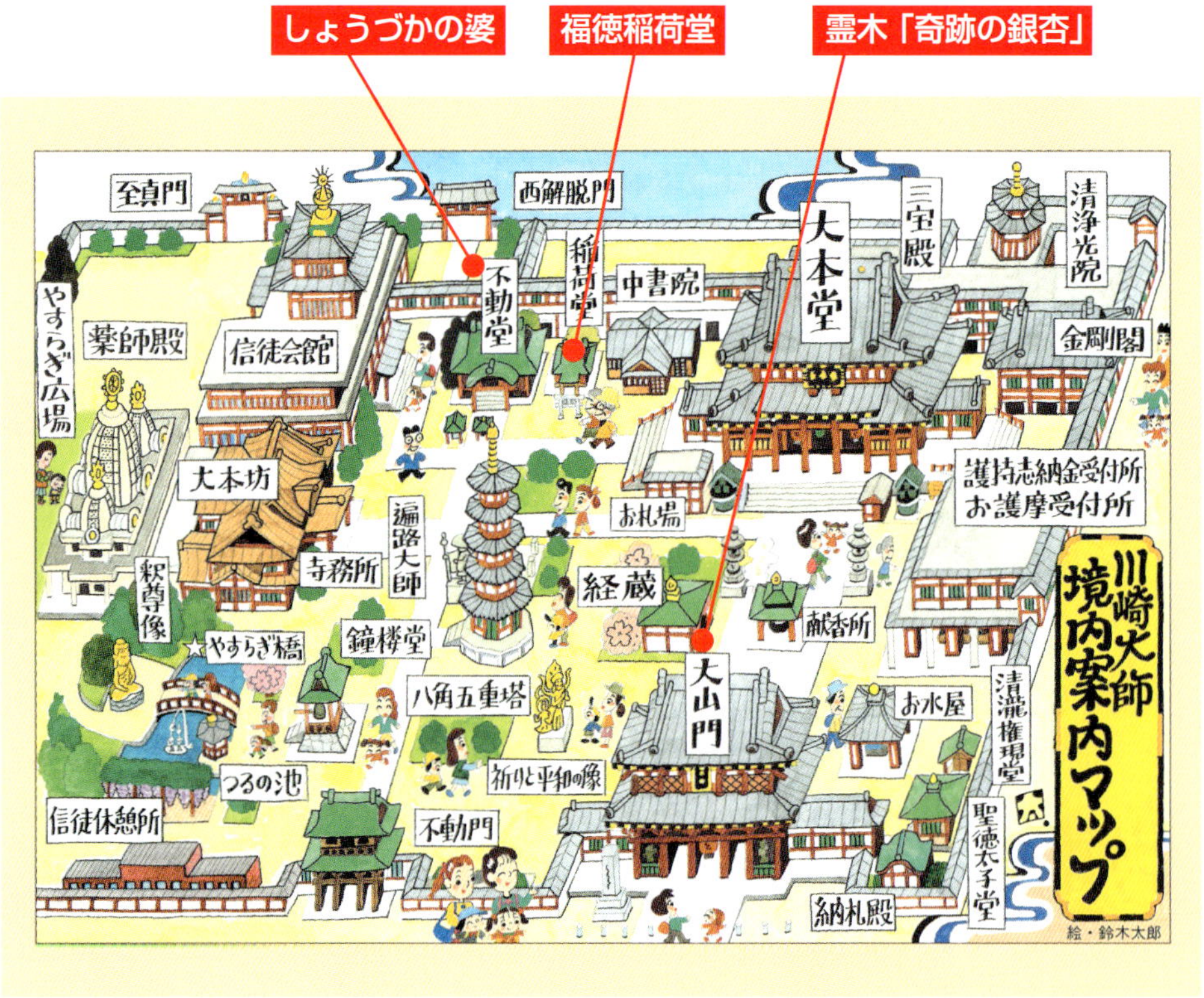

福徳稲荷堂

## 霊木「奇跡の銀杏」

戦時中の大空襲で、経蔵の左側に立つ銀杏の古木も幹の大半を焼失しました。ところが、焼け残った半分の幹から銀杏は奇跡的に甦り、焼けた半分を包み込むように成長し復活を遂げました。

戦禍で灰燼《かいじん》に帰した川崎大師ですが、その復興の歴史とともに生育した銀杏は、苦難にも屈しない秘めたるパワーを持つ「奇跡の銀杏」と呼ばれるようになり、健康長寿や心願成就の象徴として信仰を集めることとなりました。

空襲を受けた際の痕跡は樹木の根元に残っていますが、今では毎年新しい芽を吹き、秋にはぎんなんの実をつけ境内に彩りを与えています。

奇跡の銀杏

## しょうづかの婆

墓域入口に祀られるしょうづかの婆は、寛文十一年（一六七一）三月に造立されました。「しょうづか」とは、三途の川すなわち経典『十王経《じゅうおうぎょう》』に出てくる葬頭河《そうずか》の訛であるとされています。

江戸時代には、どういうわけか歯の悪い人の信仰を集めるようになり、痛みを治してほしいと願う手紙が多く寄せられました。

近年はそのような手紙は届かなくなりましたが、美貌を願うご信徒が多く訪れ、隠れ参拝スポットとして人気があります。

第二次世界大戦までは、木像の閻魔王も一緒に祀られていました。

しょうづかの婆

# 【付録2】川崎大師平間寺年表

| 年 | 月・日 | 事項 |
|---|---|---|
| 大治2（1127） | | 平間兼乗が大師河原の海中から、弘法大師自刻の霊像を引揚げ供養 |
| 大治3（1128） | 4・ | 高野山の尊賢上人が東国巡錫の途上、大師河原に立ち寄り、平間兼乗が奉祀の厄除弘法大師尊像を御本尊として平間寺を開山 |
| 保延2（1136） | 4・1 | 尊賢上人、朝廷に勅願所として允許上奏 |
| 永治1（1141） | 10・5 | 第76代・近衛天皇から勅願所の允許を賜う。このとき、御生母美福門院が紅をもって平間寺の縁起を記して奉納される。これを紅縁起という |
| 康治2（1143） | 4・21 | 開山・尊賢上人入寂 |
| 天正18（1590） | | 火災により堂宇の全てを焼失（御本尊は被難を免れる。紅縁起一部焼損） |
| 寛永5（1628） | 3・21 | 江戸京橋に住む紀伊国屋桜井又太夫は、御本尊厄除弘法大師の霊夢により、「南無阿弥陀仏」の六字名号を書き、これを石碑に彫って境内に建碑 |
| 文化10（1813） | 9・28 | 将軍・家齊、41歳の前厄祈願のため参詣、初めて御膳所とされる |
| 天保5（1834） | 3・20 | 本堂が完成。落慶法要（遷座会）を奉修（この折、引声念仏が奉唱される） |
| 天保10（1839） | 6・17〜60日間 | 厄除弘法大師の出開帳を江戸回向院において奉修。御本尊厄除弘法大師の霊験が広く宣布され、江戸城本丸に御本尊厄除弘法大師が特請された。葵御紋拝領 |
| 安政4（1857） | 7・17〜60日間 | 厄除弘法大師御開帳奉修（大師御開帳の功徳は関東一円に広まる） |
| 明治6（1873） | 7・ | 高野山から万灯の分火が寄進される |
| 明治9（1876） | 5・5〜7・13 | 厄除弘法大師御開帳奉修（天保年度から37年目にあたる。60日間のところ参詣すこぶる多く、期間を10日間延長） |
| 明治15（1882） | 10・12 | 醍醐三宝院の直末を離れ、智積院の直末となる |
| 明治23（1890） | | 不動堂落慶（成田山不動明王の御分身を勧請） |
| 明治25（1892） | 10・10 | 江戸三大不動の一つ薬研堀不動院が別院となる |
| 明治31（1898） | 7・23 | 「別格本山」に寺格昇格 |
| 明治32（1899） | 1・21 | 六郷橋から川崎大師に至る大師電気鉄道（現・京浜急行電鉄の前身）が開通 |
| 明治35（1902） | 11・ | 山門に安置の仁王尊像開眼供養修行（扁額の金剛山の三文字は有栖川宮熾仁親王の揮毫になる） |
| 大正12（1923） | 9・1 | 関東大震災（午前11時58分発生）によって京浜間は未曾有の被害を蒙った。当山も鐘楼堂、鎮守社、庫裡等が倒壊 |
| 大正14（1925） | 10・3 | 隆超僧正、43世を継承　厄除弘法大師御開帳奉修 |
| 大正15（1926） | 10・15 | 43世・隆超僧正、私立大師図書館開設、初代館長に就任 |
| 昭和2（1927） | 4・6 | 当山が多額の浄財を醵出した神奈川県立川崎中学校開校 |
| 昭和4（1929） | 3・28 | 川崎社会館（宿泊所、食堂、浴場）の経営の一切を引き継ぐ |
| | 7・21 | 関東大震災によって倒壊した清瀧権現社再建、落慶式修行 |
| 昭和5（1930） | 6・15 | 関東大震災によって倒壊した鐘楼堂の再建なり落慶法要修行（建立地が本堂前から現在の位置となる） |
| 昭和7（1932） | 12・7 | 「関東霊場推薦投票」第一位に決定（1、612、535票）。これにより「関東第一霊場」記念碑が寄進される |
| 昭和9（1934） | 4・ | 弘法大師1000年御遠忌並びに大本坊、諸堂完成を記念し、厄除弘法大師御開帳奉修 |
| 昭和12（1937） | 4・ | 大師幼稚園開園 |
| 昭和19（1944） | 4・ | 第二次世界大戦下、厄除弘法大師御開帳奉修 |
| 昭和20（1945） | 4・15 | 第二次世界大戦の戦禍を蒙り、本堂、山門、鐘楼堂その他諸堂伽藍焼失。御本尊は戦災三日前に横浜・観音寺に御遷座して安泰（福徳稲荷堂は焼失を免れる。また、大本坊は鉄筋コンクリート造のため外郭構造はそのまま残る） |
| | 12・27 | 大本坊を改造し仮本堂として使用。御本尊御遷座 |
| 昭和23（1948） | 2・28 | 山門並びに鐘楼堂を福島県の有縁の地より移築し建立 |
| | 9・8 | 43世・隆超大僧正遷化 |
| | 12・6 | 隆天貫首44世を継承 |
| 昭和28（1953） | 12・21 | 44世・隆天貫首入山 |
| 昭和33（1958） | 3・15 | 別格本山から「大本山」に寺格昇格 |
| | 5・14 | 御本尊御遷座式修行 |
| 昭和36（1961） | 4・15 | 東京別院・薬研堀不動院開基370年記念御開帳奉修 |
| 昭和38（1963） | 12・20 | 自動車祈祷殿開所 |
| 昭和39（1964） | 3・12 | 不動堂御本尊として成田山不動尊御分躰を勧請奉祀 |
| | 4・21 | 44世・隆天貫首、大本堂建立等の浄業完遂の功績により大僧正を拝命 |
| | 4・26 | 大開帳開白大法要修行 |
| | 6・21 | 大開帳記念に川崎大師日曜教苑開設 |
| 昭和42（1967） | 1・9〜11 | 東京池袋・西武百貨店において交通安全祈願出開帳奉修 |
| 昭和43（1968） | 12・21 | 聖徳太子堂落慶法要修行 |
| 昭和44（1969） | 4・18〜5・8 | 武相不動尊霊場創設開帳奉修（当山不動堂第一番札所） |
| 昭和45（1970） | 11・22 | 自動車交通安全祈祷殿落慶式修行 |
| 昭和47（1972） | 2・10〜13 | 入学、進学成就・交通安全祈願出開帳奉修（東京新宿・伊勢丹） |
| | 10・2 | 大師幼稚園新園舎落成式執行 |

| | | |
|---|---|---|
| | 12・1 | 川崎大師教学研究所設立 |
| 昭和48（1973） | 5・1 | 弘法大師御誕生1200年讃仰奉祝開白大法要修行（霊場顕彰幡掲揚式） |
| | | 遍路大師開眼法要修行（新四国八十八ヶ所霊場創設法要修行） |
| | 11・25 | 信徒会館完成。落慶祝典執行 |
| 昭和49（1974） | 4・21 | 大開帳開白大法要修行　清瀧権現社落慶 |
| | 6・23 | 川崎大師日曜教苑創立10周年記念式典挙行 |
| 昭和50（1975） | 10・21 | 旧山門を不動門として移築建立 |
| | | 鐘楼堂修復落成 |
| 昭和51（1976） | 12・8 | 降魔成道釈迦如来入仏開眼法要修行 |
| 昭和52（1977） | 7・28 | 塩原温泉川崎大師厄除不動尊開創入仏開眼法要修行 |
| | 10・29 | 平間兼乗像を大本堂に安置、銘文香木等納蔵 |
| | 11・1 | 平間寺開創850年慶讃奉告開白大法要修行 |
| 昭和54（1979） | 3・21 | 44世・隆天大僧正、真言宗智山派管長芙蓉良順猊下から中興第一世の称号を拝受 |
| | 7・21 | 川崎大師京都別院・岩屋山大宅院笠原寺開山式執行 |
| 昭和55（1980） | 5・ | 至真門落成 |
| 昭和56（1981） | 4・28 | 東京別院・薬研堀不動院の本堂他堂宇が完成し、平間寺不動堂に仮安置されていた御本尊の出立法要並びに御遷座法要を平間寺不動堂、薬研堀不動院において厳修 |
| | 10・1〜3 | 東京別院・薬研堀不動院本堂新築落慶記念大法要並びに開創390年大祭奉修 |
| 昭和57（1982） | 12・15 | 新客殿・金剛閣落成式執行 |
| 昭和58（1983） | 10・12 | 京都別院・笠原寺へ平間寺御本尊御分躰を御遷座 |
| 昭和59（1984） | 3・1 | 宗祖弘法大師1150年御遠忌・吉例大開帳開白大法要修行 |
| | | 八角五重塔入仏落慶法要 |
| | 12・1 | 東京別院・薬研堀不動院において、弘法大師1150年御遠忌を記念して造立された遍路大師尊像の開眼法要並びに講談発祥記念之碑の除幕式執行 |
| 昭和60（1985） | 12・21 | 境内西側に西門完成（後に西解脱門と命名） |
| 昭和63（1988） | 10・13 | 大本坊玄関正面に稚児大師尊像（大本堂安置の稚児大師尊像のレリーフ模刻）を安置 |
| 平成1（1989） | 11・2 | 水子地蔵尊開眼法要修行 |
| 平成3（1991） | 10・1 | 東京別院・薬研堀不動院開創400年奉祝大法要 |
| 平成4（1992） | 11・1 | 興教大師850年御遠忌開白大法要奉修（興教大師御影尊像開眼並びに大本坊改修落成奉告） |
| 平成5（1993） | 8・3 | 平成6年の大開帳を記念し、地域社会での活用に川崎市清掃局に軽四輪自動車「大師号」2台寄贈 |
| | 10・25 | 平成6年の大開帳を記念し、地域社会での活用に川崎市臨港消防署に中型バス「大師号」を寄贈 |
| 平成6（1994） | 5・1 | 吉例大開帳開白大法要奉修 |
| 平成7（1995） | 1・21〜22 | 1月17日早朝に発生した兵庫県南部地震被災者救援の一助として募金活動実施。寄せられた義援金を神奈川新聞川崎総局へ寄託 |
| 平成8（1996） | 7・19〜21 | 川崎大師風鈴市開催（この年より始まる） |
| | 12・6 | 清浄光院落成法要奉修 |
| 平成9（1997） | 11・1 | 開創870年祭慶讃奉告開白大法要修行 |
| 平成13（2001） | 10・1〜2 | 東京別院薬研堀不動院開創400年奉祝大法要 |
| 平成14（2002） | 12・1 | 平成16年大開帳奉修記念事業　納札殿御本尊御遷座並びに落成法要 |
| | 12・16 | 大師河原駐車場開所式（現自動車交通安全祈祷殿駐車場） |
| 平成15（2003） | 8・28 | 平成16年大開帳奉修記念事業　大師幼稚園御本尊稚児大師尊像修復開眼法要 |
| 平成16（2004） | 5・1〜30 | 大開帳奉修 |
| | 5・1 | 経蔵落慶法要 |
| 平成18（2006） | 2・20 | 新自動車交通安全祈祷殿　交通安全祈願碑移設 |
| | 4・29 | 自動車交通安全祈祷殿落慶式　落成慶讃法要執行 |
| | 9・30 | 髙橋隆天貫首遷化 |
| | 10・21 | 藤田隆乗貫首入山式 |
| | 10・27〜28 | 東京別院薬研堀不動院開創415年奉祝法要 |
| 平成19（2007） | 11・1〜3 | 平間寺開創880年祭慶讃法要厳修 |
| 平成20（2008） | 4・4 | 藤田隆乗貫首晋山奉告法要 |
| | 11・1 | 薬師殿落慶大法要 |
| 平成21（2009） | 11・8 | 京都別院笠原寺開山30周年記念法要 |
| 平成23（2011） | 3・23 | 東日本大震災被災地復興祈願法要 |
| | 4・11 | 東日本大震災殉難殃死者慰霊法要 |
| | 5・1〜3 | 川崎大師子どもフェスティバル開催（以降毎年開催） |
| | 12・ | 平成二十六年大開帳奉修記念事業「平成の大改修」第一期客殿・金剛閣・お護摩札渡し場竣工 |
| 平成24（2012） | 3・11 | 東日本大震災追悼法要　復興支援　献灯会「鎮魂の夕べ」開催 |
| | 12・20 | 平成二十六年大開帳奉修記念事業「平成の大改修」第二期信徒会館改修工事完成 |
| 平成25（2013） | 11・5 | 藤田隆乗貫首　大僧正拝命 |
| | 12・ | 大本堂・三宝殿改修　信徒休憩所新築工事完成 |
| 平成26（2014） | 5・1〜31 | 大開帳奉修 |
| | | 鶴の池池畔修景工事落成　正岡子規句碑抜き法楽、やすらぎ橋渡り初め、降魔成道釈迦如来尊像修復開眼法楽 |

#【付録3】関係寺院紹介

## ■五百仏山《いおぶさん》 根来寺《ねごろじ》 智積院《ちしゃくいん》

**真言宗智山派の総本山。本尊：大日如来《だいにちにょらい》**

智積院は根来寺（和歌山）の塔頭寺院であった。しかし、根来寺は巨大な勢力をもつにいたったため、それを危惧した豊臣秀吉の軍勢により、ほとんどが灰燼に帰してしまう。そのとき智積院の住職であった玄宥僧正は難を逃れ、豊臣秀吉没後、慶長六年（一六〇一）、徳川家康公の恩命により東山の土地が与えられ智積院が再興された。

真言宗智山派は、成田山新勝寺（成田市）、川崎大師平間寺（川崎市）、高尾山薬王院（八王子市）の大本山をはじめ、高幡山金剛寺（日野市）、大須観音寶生院（名古屋市）を別格本山として全国に三千余の寺院及び教会を擁する。全国約三十万人にのぼる檀信徒の信仰のよりどころとして総菩提所、総祈願所となっている。

住所：京都府京都市東山区東大路七条下る東瓦町 964
電話：075-541-5361

## ■一乗山《いちじょうさん》 大伝法院《だいでんぽういん》 根来寺《ねごろじ》

**新義真言宗の総本山。本尊：大日如来《だいにちにょらい》**

弘法大師空海上人ご入定からおよそ二六〇年後、長承元年（一一三二）覚鑁《かくばん》上人が高野山に大伝法院を建立し、荒廃した高野山の復興に努めた。その後、修行の場を高野山から根来山へ移し、ここを根本道場とした。

覚鑁上人ご入滅の後、正応元年（一二八八）頼瑜僧正により大伝法院が高野山から根来山へ移されると、学問の面でも大いに栄え「新義」といわれる教学を確立した。

天正十三年（一五八五）豊臣秀吉の軍勢により、大塔・大師堂・大伝法堂などの二、三の堂塔を残して全山焼失してしまうが、慶長五年（一六〇〇）以降紀州徳川家の外護を受けて主要な伽藍が復興される（大伝法堂・三尊像は焼失を免れたが解体され搬出された。後に三尊像のみ返還され今日に至る）。また、元禄三年（一六九〇）には、東山天皇より覚鑁上人に「興教大師」の大師号が下賜された。

新義真言宗の祖である興教大師覚鑁上人の御廟を守り続けている。

住所：和歌山県岩出市根来 2286
電話：0736-62-1144

## ■成田山《なりたさん》 明王院《みょうおういん》 新勝寺《しんしょうじ》

**真言宗智山派の大本山。本尊：不動明王《ふどうみょうおう》**

天慶二年（九三九）、平将門の乱が勃発。その戦乱を鎮める為に寛朝大僧正が京の都より弘法大師空海上人自ら敬刻開眼した不動明王を成田の地に奉安した。

そこでお護摩を焚き戦乱が鎮まることを祈願すると、戦乱はおさまり関東に平和が訪れた。寛朝大僧正は都へ帰ろうとするが、尊像は盤石のごとく動かず、この地に留まるようお告げがあり、ここに成田山が開山された。

開山一〇八〇年を間近に控えた現在も、「成田山のお不動さま」として多くの人々の信仰を集めている。

住所：千葉県成田市成田１
電話：0476-22-2111

## ■高尾山《たかおさん》 薬王院《やくおういん》 有喜寺《ゆうきじ》

**真言宗智山派の大本山。本尊：飯縄大権現《いづなだいごんげん》**

天平十六年（七四四）、聖武天皇の勅命により東国鎮守の祈願寺として、高僧行基菩薩により開山された。薬王院の名は、創建当初、薬師如来をご本尊としたことに由来する。

永和元年（一三七五）には京都醍醐山より俊源大徳が入山し八千枚の護摩供養秘法の後、今のご本尊「飯縄大権現」を奉祀し、中興された。

古来、高尾山は修験道のお山ともいわれ、今でもお山に春の到来を告げる火生三昧・火渡り祭や「琵琶滝」と「蛇滝」での滝修行の道場として一般の方にも門戸を開いている。

住所：東京都八王子市高尾町 2177
電話：042-661-1115

協力　清荒神清澄寺
五台山竹林寺
観蔵院曼荼羅美術館
天台宗別格本山中院
公益社団法人 川崎・砂子の里資料館
所 幸則


**同行二人 ――空海 時空を超えて――**

2016年1月1日発行

写　　真　永坂嘉光・濱田智夫
装　　丁　横山　恵
レイアウト　横山　恵
編集制作　株式会社アートデイズ
発　　売　株式会社アートデイズ
〒160-0007　東京都新宿区荒木町13-5
四谷テアールビル2F
電話 (03)3353-2298　FAX (03)3353-5887
http://www.artdays.co.jp
発 行 者　藤田隆乗
発 行 所　大本山川崎大師平間寺
〒210-8521　神奈川県川崎市川崎区大師町4番48号
電話 (044)266-3420　FAX (044)277-8163
http://www.kawasakidaishi.com
印 刷 所　中央精版印刷株式会社

川崎信用金庫
かわしん
未来に向けて地域とともに
川崎信用金庫
http://www.kawashin.co.jp/

あんしんを羽ばたく力に —— 京急グループ
羽田へビュン。京急!
速い、ラク、スムーズ!
成田空港方面
押上
浅草
東京
東銀座
池袋
JR山手線
新橋
新宿
渋谷
品川
大阪方面 東海道新幹線
京急線
横浜方面
羽田空港国際線ターミナル
羽田空港国内線ターミナル
KEIKYU
品川 10分間隔で 快適運行中! 羽田空港
海外も国内も京急で!
KEIKYU
京急電鉄
お問い合わせは京急ご案内センター 03-5789-8686 または 045-441-0999 (平日7:30~21:00 土・日・祝日9:00~17:00) ※営業時間は変更となる場合がございます。
詳しくは、京急ホームページで 京急 検索